他們戰勝,仍是天地不容。
他們戰死,便與草木同朽,

——柏楊《異域》

孤軍的淚流盡了嗎？

謝小韞 全國眷村文化保存聯盟理事長、眷村雜誌總編輯

序~1

　　位於泰國、緬甸與寮國的三國交界處，約有 20 萬平方公里的蓊鬱森林，蘊藏著極為豐富的沙金、銅礦和寶石，故有「金三角」之美名，惟自 20 世紀初，淪為了「三不管」地帶的毒品王國。

　　民國 38 年，國軍在中國大陸全面潰敗之際，百萬軍民撤至臺灣，卻有一支殘兵退入緬甸，進到泰緬寮「三角」地區，人數最初僅 1,400 餘人，但在李彌將軍的領導下，這批殘餘國軍，爭取到國內外奧援，組成數千人之部隊，在金三角站穩了腳跟，留下反共復國的尖兵和火種，時間長達 30 年之久，而這批留在金三角的「雲南反共救國軍」，卻也淪為不折不扣的「孤軍」。

　　《金三角國軍血淚史》一書的作者覃怡輝說，國共兩黨在金三角地區的鬥爭，乃是雙方在大陸鬥爭的延續，旨哉斯言！民國 39 年大陸易幟之後，國府在沿海及邊境地區一共組織了 9 支反共救國軍，第一支的「雲南反共救國軍」，係於民國 40 年 1 月 10 日成立，其中漂泊、凋零於異域的 948 位戰士英靈，經由各方不斷的努力，終於在 72 年後的民國 112 年 6 月 30 日回到台北，入祀國民革命忠烈祠。

　　「全國眷村文化保存聯盟」所發行的《眷村雜誌》，於民國 113 年 10 月份第 10 期所報導的封面故事〈金三角 孤軍淚〉，二次深入泰緬邊界的金三角，採訪當年第一代的雲南反共救國軍及其後人，挖掘出不少鮮為人知、可歌可泣的歷史片段，採訪文字及珍貴的現場照片，集結成這本專書，呈現於國人面前，為 1949 民國史中的國界邊陲篇章，留下感天動地、不可磨滅的史料。

　　然而，這並非是故事的尾聲，儘管民國 101 年有關單位迎回泰緬 440 名英靈，112 年又迎回 948 名英靈，卻有無可計數的孤魂，因難以查考及尋訪，仍然「無家可歸」。他們的後代，有不少人在當地依舊被視成「難民」，隨之而來的生存困境，可以想見。漫漫長夜的哭泣後，孤軍的淚流盡了嗎？請你一起來關心！

　　最後，在此要特別感謝桃園市張善政市長及桃園市政府文化局邱正生局長慨然支持此書的出版、迎回孤軍英靈居功厥偉的前立法委員吳斯懷先生、在泰國為孤軍及華文教育宵旰忠勤的清萊華校教師公會會長，以及泰北義民文史館主委王紹章校長，他們讓孤軍不再孤單，使孤軍的故事廣為流傳，增添了中華民國近代史上最感人的一頁！

以記憶為根，以文化為路
——打造桃園城市願景

張善政 桃園市長

序~2

桃園，是一座因多元文化交融而豐富立體的城市。在這塊土地上，我們不僅見證臺灣經濟的飛騰與城市的快速發展，也細細珍藏著來自各時代與各族群的歷史記憶，呈現豐富多元的共榮樣貌。尤其是眷村文化，正是桃園城市發展過程中不可或缺的文化基石。它不僅承載著無數家庭遷徙、安頓與落地生根的歷程，也見證了國族命運與世界局勢的轉折與變遷。

《金三角 孤軍淚—反共救國軍的生與死》一書，呈現的正是這樣一段被歷史洪流掩蓋卻不容遺忘的記憶。從滇緬戰線到桃園龍岡，反共救國軍的故事，是大時代驅使下的選擇與堅持，更是身分認同與人性光輝在流離歲月中的展現。這些歷史不僅只屬於特定族群或軍隊，更屬於整個臺灣，也深深烙印於桃園的土地與人民心中。

城市的發展，不能僅止步於建設的積累，更必須是歷史的延續與文化的整合。過去這些年，桃園市致力推動「文化城市」的願景，從保存眷村歷史建築、推動文化節慶活動，到鼓勵跨世代的文化創作與記憶敘事，都是為了讓我們的城市不僅有現代的繁榮，亦飽含深刻的文化底蘊與歷史深度。

眷村，不僅是城市空間中的一部分，更是城市記憶的核心。這段由孤軍遷徙所延伸出的歷史脈絡，已成為桃園特有人文資產與文化 DNA。本書的出版，是一次珍貴的歷史梳理與文化回望。未來，桃園市政府將持續深化對歷史文化的關注與政策投資，讓文化保存不只是靜態展示，更是活化城市意義與提升市民認同的基石。我們希望每一位市民，尤其是年輕一代，能在這些故事中，看見城市的多元、體會和平的可貴，並在心中建立屬於「桃園人」的共同記憶與驕傲。

感謝本書的作者與出版團隊，透過精彩的口述訪談與細膩深刻的文字，將這段曾被塵封的歷史，真實而感人地展現於世。這不僅是對過往的珍貴保存，更是對當代社會的深刻提醒。讓我們共同銘記這段可歌可泣的歷史，不是為了沉溺於悲情，而是為了從記憶中汲取向前邁進的力量。桃園，正走在成為國際城市的道路上，而這些歷史足跡，將會是我們攜手前行時，最堅實的根基。

孤軍的足跡：豐富桃園眷村文化風景

邱正生　桃園市政府文化局局長

序~3

　　桃園，是臺灣多元文化的櫥窗，更珍藏著豐富的眷村記憶。龍岡，作為重要的眷村聚落，不僅是離鄉背井軍民在臺灣落地生根的家，亦銘刻著族群融合與時代變遷之印記。《金三角 孤軍淚—反共救國軍的生與死》一書，將此段塵封的雲南反共救國軍歷史，重現於我們眼前。這支軍隊在大時代動盪下，展開一段長達數十年的漂泊，途中經歷了生死離散、戰火摧殘與信仰堅守，最終在這塊土地上落腳，建構屬於他們的「家」，並牽繫著桃園這片土地上的眷村故事。而這些眷村不僅只是居住空間，更是情感寄託、歷史見證與文化的搖籃，凝聚了無數人的生命記憶與歷史軌跡。

　　桃園文化局長年致力於眷村文化的保存工作，自民國 93 年起，陸續將馬祖新村、憲光二村與太武新村登錄為歷史建築，構築「眷村鐵三角」的保存政策架構，展現對文化資產保存的重視與實踐。這些眷村的保存，不僅只是建築空間的維護，更是生活記憶與文化精神的承傳。此外，本局為了讓更多民眾能夠親身參與並理解眷村文化內涵，每年盛大舉辦「眷村文化節」，傳承歷史與記憶，並結合創新元素，以延續眷村精神與文化生命力。眷村文化節的內容涵蓋音樂、藝術、美食、展覽、表演、市集與特色活動等多元形式，讓不同世代的人們都能在其中找到趣味與共鳴，促進跨世代的連結與傳承。

　　除了上述活動與建物保存外，文化局亦積極推動眷村相關藝文創作之發展，扶植以眷村為主題的文學、影像與設計作品，讓這段歷史能以更多元且深植人心的方式被記憶與延續。在眷村的舊址中，逐步形成具有生活感與文化感的藝文聚落，使眷村不再只是歷史的註腳，而能成為現代城市文化的一環。

　　期待透過本書，引發更多人對雲南反共救國軍及光武部隊歷史的關注，喚起大眾對這段歷史的興趣，並增進社會對眷村文化價值的認知與重視，凝聚眾人力量，共同為眷村的文化保存與發展貢獻心力。此外，也學習珍惜和平的日常，關懷在時代變遷中經歷種種苦難的人們。使這些異域孤影之動容故事，以及其於桃園眷村留下的足跡，成為我們共同的記憶與反思。

攜手前行為孤軍

吳斯懷 　中華民國泰北孤軍後裔關懷協會理事長

序 ~4

孤軍淚已流盡　英雄埋骨泰北　後裔傳承文化　我們豈能袖手
「他們戰死，便與草木同朽，他們戰勝，仍是天地不容。」——柏楊《異域》

　　這是一段多麼悲壯的歷史，我們不該遺忘！

　　「泰北孤軍」是一群曾為中華民國效力，卻被遺留在異域的袍澤及後裔。1949 年國共內戰，當時的國府想反攻大陸而遺留在泰緬邊境一支孤軍，儘管先人多已凋零，遺留在異域的孤軍及其後裔，始終傳承著中華文化，時時揮舞著中華民國國旗，從未忘記自己的國家是中華民國。

　　從孤軍落腳泰北山區開始，就把「教中文」當作文化延續的信仰。在泰北，這樣的學校有百餘間。他們不是主流教育體系的一部分，但卻留下世界上最堅韌的一支華文教育的根。辦學校不只是為了讓孩子識字，更是一種文化自救的行動，「一個人，不管身在何處，都不能忘了自己的本。」王紹章校長說：「我們沒錢，但有心。」泰北的華文教育不僅是語言教育，更是一場倫理與文化的傳承。

　　本人擔任立法委員 4 年任期中，最值得一提的，就是為泰北孤軍爭取台幣三千萬元預算，修繕散落在金三角地區各處戰場 700 餘座的墳墓。此外，也整修了泰北地區 7 處忠烈祠、協助泰北近百所華校爭取教育資源等。在多方努力下，終於在民國 112 年 6 月 30 日，將孤軍前輩的靈位總牌位，以國家正式儀典，由泰北美斯樂義民文史館迎回台北，入祀圓山國民革命忠烈祠。

　　在立委卸任前，又恐華校教育再度無人聞問，乃成立「中華民國泰北孤軍後裔關懷協會」，期藉個人的微薄力量，持續協助孤軍後裔爭取教育資源，傳承中華文化。

　　泰北地區華校眾多，且大部分均未獲得泰國政府立案，目前面臨種種困境。由於人口流失，學生人數逐年下降；此外，師資短缺，經費緊縮，校舍老舊，教材不足等，僅靠著臺灣與僑界的捐助勉強維持。

　　目前泰北中文學校運作的經費來源全靠民間機構、畢業校友以及村民的捐款，故極需各界協助。本人近年來多次赴泰北深入訪談，擬定近、中、遠程目標，提出具體方案。感謝有心人士的贊助及華碩電腦公司贈予的 40 台手提電腦，已於 114 年公開贈予「清萊華校教師公會」王紹章會長。

　　最後，要感謝一群與我攜手前行的兄弟姊妹的無私奉獻，將來我們在招募師資或募款活動上，還要繼續努力！歡迎各界朋友加入我們的行列，以慰藉前輩們為國為民的犧牲奉獻！

CONTENTS

孤軍的淚流盡了嗎？　謝小韞 / 全國眷村文化保存聯盟理事長、眷村雜誌總編輯　　2

以記憶為根，以文化為路──打造桃園城市願景　張善政 / 桃園市長　　3

孤軍的足跡：豐富桃園眷村文化風景　邱正生 / 桃園市政府文化局長　　4

攜手前行為孤軍　吳斯懷 / 中華民國泰北孤軍後裔關懷協會理事長　　5

重返異域：揭開孤軍在泰北奮戰的神秘面紗　　8
文・張夢瑞　圖・王蘭兮

金三角 孤軍 鴉片　　30
文・張夢瑞　圖・王蘭兮、謝小韞

美斯樂　一個美麗的地方　　38
文・張夢瑞　圖・王蘭兮、鍾蘭蓁

反共救國軍的生與死　　48
文・王蓓琳　圖・異域故事館、張夢瑞

雲南反共救國軍迎靈來台的穿針引線者──吳斯懷　　58
文・施靜茹　圖・國雷協會、王蘭兮

因為反共而失去自己的國家，又因為反共而有了新的國家──段希文的毀家興學　　64
文・張夢瑞　圖・王蘭兮、謝小韞

「異域故事館」創辦人王根深：沒有一場戰爭是偉大的　更沒有一場戰役值得歌頌　　74
文・張夢瑞　圖・異域故事館、謝小韞、楊惠娥

目次

84 趙全英──異域游擊隊女政工在台落地生根的故事
文‧張夢瑞　圖‧趙全英、王蘭兮、楊國安

94 從異域到異鄉──國雷人的安居地　寶島臺灣
文‧施靜茹　圖‧國雷協會、王蘭兮

104 泰緬孤軍的後代如今安在？
文‧王蓓琳　圖‧鍾蘭蓁、王蘭兮

114 雲南節慶在龍岡
文‧李紹偉　圖‧李紹偉、楊惠娥

124 在滇緬金三角　與父親的青春相遇
文／圖‧李俊賢

134 活著，就是一種勝利！──滇緬幼年兵馬有福的故事
文‧張夢瑞　圖‧王蘭兮、謝小韞

144 從幼年兵到心靈導師──靈鷲山心道法師的故事
文‧張夢瑞　圖‧靈鷲山佛教教團提供、王蘭兮、謝小韞

156 守在山城的餘音──王紹章　泰北華文教育的守火人
文‧張夢瑞　圖‧王蘭兮、謝小韞

泰北奮戰的

神秘

面紗

重返異域

揭開孤軍在泰北奮戰的神秘面紗

文・張夢瑞　圖・王蘭兮

雲南反共救國軍第三軍軍長李文煥將軍之墓。

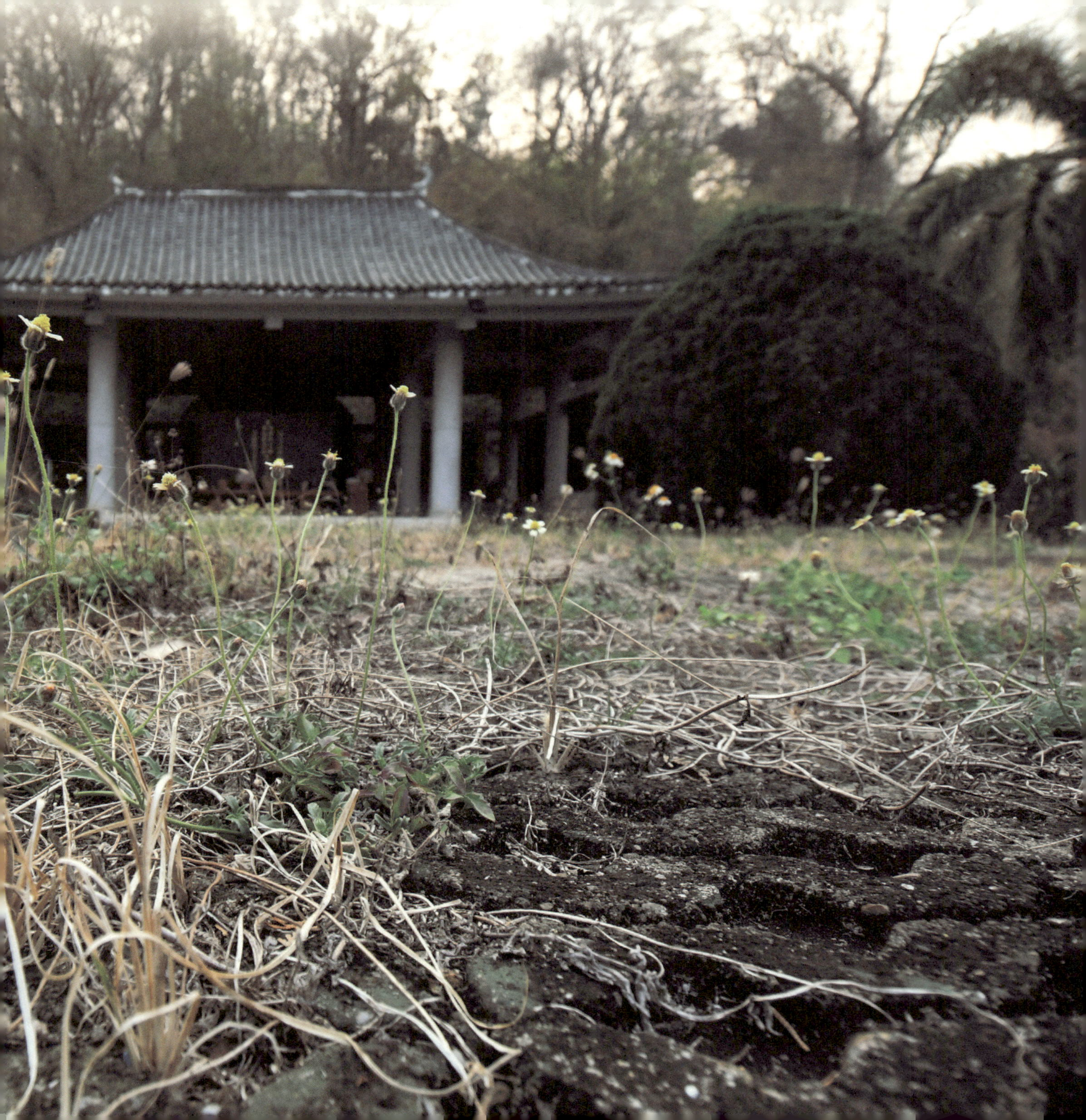

「金三角」，就屬於這樣一個地方。泰國、寮國和緬甸交界之處的還要超乎尋常的神秘，有些地方，比傳說中的神秘，

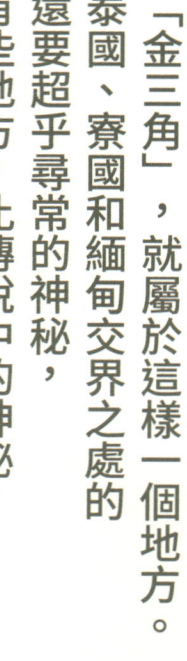

金三角湄公河上的船隻，懸掛著泰國及皇室國旗。

天地間有些軼事，比舞台上的傳奇故事，還要超乎尋常的傳奇；有些地方，比傳說中的神秘，還要超乎尋常的神秘，泰國、寮國和緬甸交界之處的「金三角」，就屬於這樣一個地方。這個地區，充斥著戰亂、死傷和毒品氾濫；它曾經是全世界出口最多鴉片、海洛英的地區，由此地轉銷全世界，賺回車載斗量的黃金，因此，該地區稱之為「金三角」。

　　但對臺灣人來說，這裡還有一個特殊的意義：民國38年，中國大陸的國軍全面潰敗之際，有的降共，有的撤到臺灣，卻有一支殘軍退入緬甸，進到泰緬寮「三角」地區重新整頓，人數雖僅有1,400餘人，但在李彌將軍的號召領導下，這批小小的殘餘國軍竟能重創緬軍，爭取到國內外奧援，組成數千人軍隊，進而反攻雲南，其戰果雖未能保持，但國軍從此在金三角站穩了腳步，持續在海外的邊疆前線留下反共復國的尖兵和火種，時間長達30年之久。

泰北孤軍　流亡異鄉（民國 38 年）

　　國共內戰期間，國軍退守臺灣，中華民國政府在大陸僅剩雲南一省尚未淪陷，中央派第 8 軍軍長李彌和 26 軍軍長余程萬協防雲南。爾後雲南省政府主席盧漢投共，中央軍遭共軍追擊，僅剩第 8 軍 237 師 709 團李國輝部隊，和第 26 軍 93 師 278 團譚忠部隊，他們從雲南突圍後輾轉流落到滇緬邊界，成為身陷異鄉的「孤軍」。

　　李國輝團與譚忠團在緬甸小猛棒會合後，兵力擴充至 1,500 人，由李國輝擔任總指揮組成「復興部隊」，這是異域孤軍的種子部隊。緬甸在中共的壓力下多次欲將復興部隊驅離或繳械，經多次交涉未果後，於民國 39 年發動了攻擊，戰爭歷時 2 個月，緬軍慘敗，「復興部隊」從此名聲大噪。

李彌時期（民國 40 年～ 42 年）

　　民國 39 年 2 月，駐守雲南的國軍不敵中共解放軍的攻勢，分批退入緬甸避難，這批部隊後來統歸李彌指揮，因此也就統稱之為李彌部隊。李部處在滇緬邊區，補給困難，連基本生存都發生問題，自然也談不上發展和表現。此時由於韓戰的爆發，美國在韓戰局部化的政策下，不願將戰場擴大到朝鮮半島以外，擔心無法阻擋中共「志願軍」源源不斷的進入朝鮮。美國總統杜魯門基於牽制中共部隊和培植李彌為中國的「第三勢力」雙重目的，批准了中情局建議的「白紙方案」，決意由中情局暗中支援李彌部隊，由雲南進軍中國大陸，羈絆解放軍，以減輕美軍在韓國戰場所遭受的壓力。李彌部隊因為得到了這個外來的援助，才能在遙遠的邊疆內陸地區生存發展。

　　李彌是黃埔軍校第 4 期的學生，與蔣中正總統有師生之誼，但他在爭取美援一事，事前未向國府報備，致使事情還在進行時，國防部便已來電，要以「叛國之罪」懲處他，李不得不向美方表明，不願為接受美援而和國府蔣介石脫離關係。李彌這個政治立場，使杜魯門欲在中國成立第三勢力

泰、緬、寮三國連接的金三角。（張夢瑞提供）

石公墓園即第三軍軍長
李文煥將軍的墓園。

的期望落空，杜魯門遂取消軍援李彌。因為美國中途撒手，讓李彌進攻雲南鎩羽而歸。

民國42年因李彌部隊在緬境活動引發國際爭議，緬甸並向聯合國提出控訴，國府召李彌回台。4月23日聯合國大會全體決議通過，對國府孤軍滯緬行為予以譴責，要求撤出緬甸。5月22日，中美緬泰4國聯合軍事委員會在曼谷成立，開始協調監督撤軍事宜；自民國42年11月18日開始至民國43年3月30日，先後完成由緬甸經泰國南梆機場分3批、52梯次，共7,288名官兵及眷屬撤至臺灣。

面對國際的壓力，國府本來推出「天案」的對應政策：讓李部只撤退2,000人，以應付聯合國的決議案，並秘密下達指令，讓其餘者「奉命」暫時易幟換裝，加入克倫軍（註1），潛伏於緬境，以待時機。這本來是李部繼續留在緬甸的一線機會，但李彌對「天案」缺乏信心，深恐實施該案會招致克、蒙兩族（註2）輕視甚至出賣，於是他另行推出「東南亞自由人民反共聯軍」的新方案，整軍經武，將孤軍組織擴大，不僅有中國人、也有泰、緬山區各少數民族加入，人數越來越多，勢力也跟著水漲船高。

李彌此舉不但招致美緬兩方的譴責和攻擊，同時也遭到參謀總長周至柔的嚴斥。由於李部已放棄「天案」的實施，以致於國府認為，李部已無法繼續在緬甸生存，因此放棄先前只撤退2,000人的政策，下令將李部全部撤回臺灣。李彌本人也在美國的壓力下被召回臺灣軟禁，終生不得離開臺灣。李彌於民國62年逝世，享年71歲。一代名將空有滿懷的理想和魄力，就這樣在臺灣抑鬱而終。

柳元麟接任李彌為總指揮 展開下一階段反共游擊事業

李彌部隊雖已奉國府之命全部撤退回台，但該部之前成立的「東南亞自由人民反共聯軍」旗下的第5軍（軍長段希文）全軍轄李文煥第13師以

李文煥將軍的住家，現在是紀念館，橫聯書寫著「前雲南救國軍第三軍指揮部」；對聯是：「回顧當年風雲聚會立基地，且看今朝日月光華又一村」。

泰北邊境帕黨村的第三軍總部舊址前，當年的老兵（楊朝發、張老四、馮橋德）聚在一起話當年。

及其他軍的部分分隊，在初期國府政策只撤2,000人時是「奉命不退」，後期國府改為全撤離回台的政策時，則是「抗命不撤」。

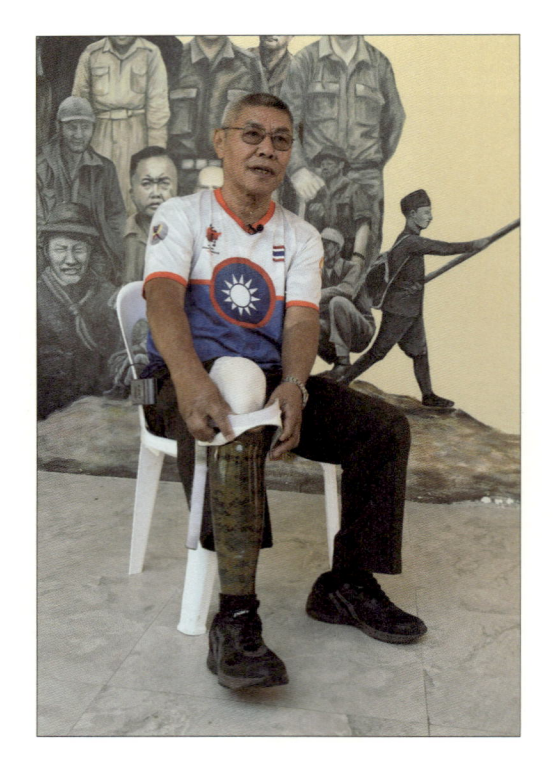

這批約有6,000人之眾的不撤部隊在段希文軍長領導下，暫時駐紮於泰緬邊境地帶。這批不撤部隊雖然在軍令和形式上都是抗命不退，但其行徑卻暗合蔣中正總統的心意，所以當「雲南反共救國軍」撤銷不久，蔣即有再秘密救濟之意，同時接受參謀總長彭孟緝的建議，將不撤部隊授予「雲南人民反共志願軍」的新番號，並派柳元麟為總指揮，在滇緬展開下一階段的反共游擊事業。

雲南反共救國軍傷兵莫祥海，在從軍抗共時，不慎誤踩地雷，炸斷一條腿。

柳元麟擔任不撤部隊總指揮期間，由於發生「將帥不和」的問題，一個本來反共士氣昂揚的反共游擊隊，漸成一個因內鬥不斷無法團結、不堪一擊的部隊，終使其走向衰敗之路。

柳元麟，黃埔軍校第4期畢業，因為是浙江人，所以畢業後不到2年，即被挑選為蔣總司令、蔣委員長和蔣總統身邊的侍從官，成了蔣介石的親信。但長期擔任侍衛工作的柳元麟缺乏帶兵和和作戰的歷練，沒有足夠的軍事才能去領導這個複雜的游擊隊，只好利用部隊間的矛盾，採取分化和

雲南反共救國軍第一代老兵王文華當年的各種個人照。

拉攏的手段，以強化、鞏固其個人的領導權威。

　　柳元麟將段希文視為勁敵，利用段希文第 5 軍與師長間的小矛盾，將第 5 軍轄下 3 個師，剝離 2 個師部出來成立第 3 軍，原師長李文煥擢升為第 3 軍軍長，另一個師長任副軍長，以此削弱段希文的力量；又專設西區指揮所，派任被削藩的段希文擔任指揮所司令官，指揮第 3、5 軍，以堵段希文之口。

　　柳元麟的小動作，令 22 師師長李黎明不滿，之後，李黎明的 22 師完成各項計畫任務，柳元麟始終不給李黎明任何獎勵與獎章。

　　整肅了幾員大將之後，柳元麟復將矛頭對向第 5 軍軍長段希文，段希文則防範周延，不參加柳元麟組織的集訓，使柳無法藉故抓小辮子。柳對付段的手段有：苛扣第 5 軍軍餉；凡臺灣空投或空運的武器軍品，一律不給第 5 軍；第 5 軍地區徵收的稅款，必須全數上繳總部；國府下達的戰鬥任務，分派給第 5 軍必須完成等，最終惹惱了第 5 軍全軍上下，民國 47 年 11 月，第 5 軍切斷了與柳部的電訊往來，形成獨立狀態。

　　柳元麟另透過各種管道，蒐羅段希文的紅黑資料，謂段「私自通匪、私派親信進入匪區、對國府不忠」等，驚動了國府。民國 48 年，國府派出情報局副局長組成的調查小組，遠赴滇緬邊區實地調查段希文，結果查知，柳對段的所有指控皆非事實。關於第 5 軍不服從柳總指揮一事，段希文向調查小組表示，如果柳元麟始終不發士兵糧餉，他無法強迫士兵部屬枵腹以從。

　　在返台之前，調查小組對柳部的軍隊校閱，發現惟獨段希文的第 5 軍官兵們所持槍枝竟是木槍，足見柳元麟長期苛扣第 5 軍的武器裝備。之後，調查小組返台，柳元麟對第 5 軍的軍餉、募兵費、武器補給的苛扣，依然

▲ 雲南反共救國軍第五軍第一代老兵97歲的王文華及夫人。

王文華當年的反共抗俄大學學員證、國民黨黨證、勳章等,他都極為珍惜。

如故。

　　柳段之間的矛盾衝突也傳至美國中情局，中情局暗中託人向段希文轉達支援一個輕裝師（1萬人）裝備的意思，段希文沉默以對，不做接收物資的回應。

孤軍駐防江拉基地失守

　　根據近年陸續解密的檔案得知，在 1950 年代後期，國府與美國秘密成立了「420 委員會」，共同策劃「長城計畫」、「崑崙計畫」、「黑旗計畫」、「飛龍計畫」、「野龍計畫」等若干方案，意圖趁「自然災害、中俄關係生變之際，於大陸西南、東南、華中空投游擊部隊」，並由柳部配合空降特種部隊進入大陸，反攻回滇。

　　為實施這些計畫，柳部在湄公河畔修築猛白了（Mong Pa-liao）機場。民國 49 年 2 月，猛白了機場正式開始起降，11 月，中緬簽訂關於勘界警衛作戰問題的協議，南北同時出擊，夾擊邊界地區柳部的江拉基地。

　　江拉之戰打了 2 個多月，民國 50 年 1 月 25 日，江拉基地失守，柳元麟下令部隊急渡湄公河，避入寮國。因柳部撤退時沒有處理總部倉庫中的武器，庫存的美援武器多達 5 公噸以上，全部落入中緬聯軍手中，使緬甸得

◀▶ 雲南反共救國軍第三軍第一代老兵97歲的張自鴻和他的兒子，在泰北當地開了一間小店，懸掛著泰國及中華民國國旗。

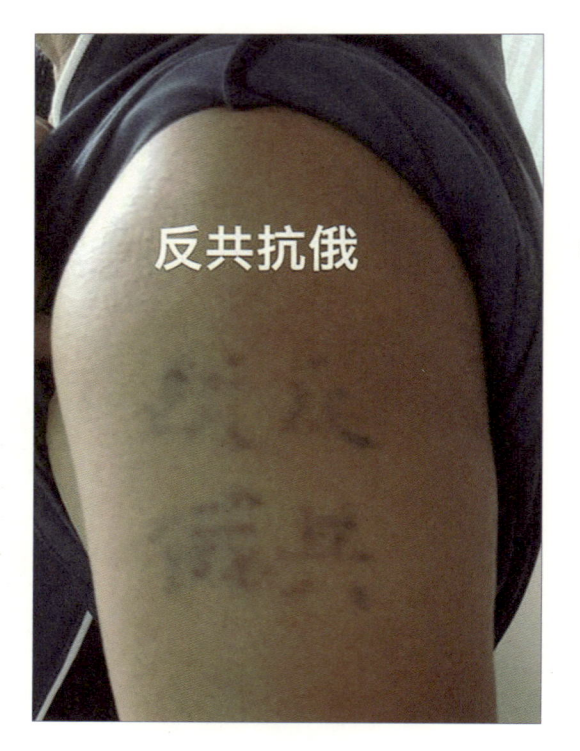

雲南反共救國軍老兵的中文刺字「反共抗俄」。

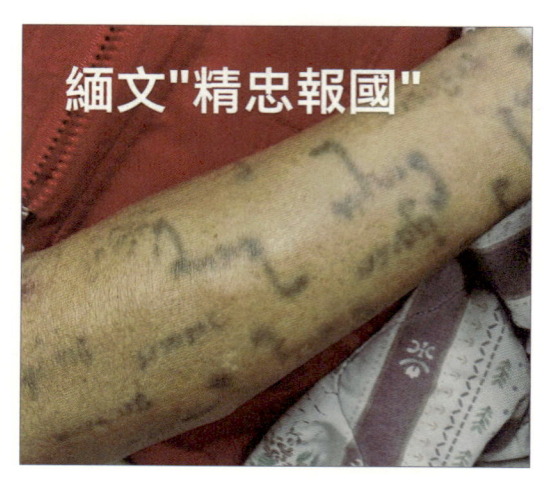

雲南反共救國軍老兵的緬文刺字「精忠報國」。

以再度向聯合國控訴遭國府侵略，並抗議美國的軍援成為幫凶，美國總統甘迺迪和國務卿魯斯克聯手強迫蔣介石將柳部撤回臺灣。

民國 50 年 3 月，國府實施代號「國雷演習」專案行動，時任副參謀總長賴名湯將軍率「春曉小組」至泰國曼谷執行撤離任務。自 3 月 17 日至 4 月 12 日，將柳部官兵含眷屬運至臺灣屏東機場，共撤離 4,406 人來台。柳部撤退人員先暫時安置在台中的烏日（成功嶺），後分別安置在南投縣仁愛鄉的清境農場、高屏交界處的信國新村、定遠新村、精忠新村、成功新村 4 個眷村。國防部隨後於 5 月 15 日撤銷柳元麟部番號，「雲南人民反共志願軍」從此走入歷史。

情報局在泰緬中國邊境 成立代號「光武」游擊武裝部隊

當柳部奉令撤台之後，該部的第 3、5 兩軍卻因不同理由而不撤台。第 3 軍因為臺灣離其雲南家鄉太遠，且不看好回台後的前途，自始至終即不願撤台；第 5 軍因為臨時奉上級情報局秘密指令留下不撤，於是 3、5 兩軍繼續留在金三角地區。後來情況發生變化，情報局並未恢復 5 軍的補給，使 5 軍成了必須自謀生活的不撤部隊。民國 54 年，情報局再派出幹部在泰緬與中國邊境的「1920 工作區」，成立代號「光武」的游擊武裝部隊。從此，國府乃由情報局以原有的滇西行動縱隊為基礎，在金三角重建以戰鬥為主要任務的武裝部隊，一共建立了 3 個大隊：(1) 原來的 3、5 兩軍 (2) 情報局部隊 (3) 中二組雲南處（註 3）的部隊，到民國 59 年時，再接收中二組雲南處所建立的第 4 大隊，情報局合計共有 4 個正規編制的大隊，其員額約為柳元麟時期的一個軍。

由於情報局成立的 4 個大隊，其兵員幾乎都是新兵，專業和能力均有不足，無法在敵後建立秘密的游擊據點，其代價可說十分高昂。後來因為中泰於民國 64 年 6 月建交，泰方不再借道補給部隊，要求國府將該部隊撤銷，才順勢結束這個軍費浩大的部隊。

金三角地區鬥爭，乃國共兩黨在大陸鬥爭的延續

《金三角國軍血淚史》一書作者覃怡輝表示，國共兩黨在金三角地區的鬥爭，乃是國共兩黨在大陸鬥爭的延續。這場延續了數十年的國共鬥爭，無論是在大陸的大戰場或是滇緬邊區的小戰場，國民黨雖然都輸給了共產黨，但在最後，爭氣的3、5兩軍，終於戰勝了中共支持的泰國共產黨，這場勝利不但讓3、5兩軍的官兵及其眷屬贏得了泰國的公民權，也使泰國人民能免遭一場臨頭的赤禍之害。

這一批曾先後奮戰於金三角地區的國軍反共游擊部隊官兵，他們離鄉背井之後，不是另去新的家鄉臺灣，就是入籍泰國為民，這也可說是他們在遭逢烽火連天的歲月後，所得到一個較為歡喜的結局。

註1：克倫民族解放軍（簡稱KNLA）為克倫民族聯盟（KNU）領導下的一支軍事組織，以爭取克倫族的真正自治。KNLA自緬甸於1949年獨立起就開始與緬甸政府軍交戰。

註2：緬甸是個民族眾多的國家。緬甸政府承認的民族共有135個，主要有緬族、克倫族、撣族、克欽族、欽族、克耶族、蒙族和若開族等。緬族約占總人口65%。克倫族占緬甸人口7～10%，在緬甸是僅次於緬族和撣族的第3大種族。緬甸官方承認的135個民族中有23個屬於克倫族。蒙族是緬甸與泰國的古老民族，在緬甸少數民族中排名第4，人口為130萬，占緬甸總人口2.8%。在前殖民時代緬族稱他們為德楞族。

註3：「中國國民黨中央委員會第二組」（簡稱中二組、第二組），是中國國民黨在第二次國共內戰失利後，職司統籌敵後派遣及情報蒐集的單位。民國41年由原中央改造委員會政一組第二室擴編而成，即核派李彌為「雲南省特派員」、李先庚為雲南省特派員辦公室書記長（簡稱雲南處）。「中二組成立雲南處」的主要工作，是在敵後地區發展黨組織工作，從事民運、情報、宣傳、策反、游擊、反間等工作。

今日金三角的沿岸寮國邊界，平地起高樓，卻是五星級飯店的賭場，成為紙醉金迷的銷金窟。

金三角

孤軍

鴉片

金三角 × 孤軍 × 鴉片

文‧張夢瑞　圖‧王蘭兮、謝小韞

金三角指的是泰國、緬甸與寮國的三國交界處，更具體的範圍，包括了泰國的清萊府、清邁府北部、緬甸北部的撣邦、克欽邦，以及寮國的琅南塔省、豐沙里等地。在這個面積將近 20 萬平方公里的蓊鬱森林中，蘊藏著極其豐富的沙金、銅礦和寶石，因此才有了「金三角」的美名。

　　雖說金三角的「金」字，原指的是這片得天獨厚的自然資源，但更為世人所知的，是這裡自 20 世紀初起，便是個「三不管」地帶的毒品王國，也是民國 56 年國府孤軍和大毒梟昆沙爭奪鴉片的戰場。

　　《異域》一書作者柏楊說，金三角應該改為「毒三角」。

　　金三角約從 19 世紀中葉開始種植罌粟。當時英國人入侵緬甸，發現緬甸（撣邦）東北部的氣候和土壤最適合罌粟生長。罌粟的生長條件是很挑剔的，並非任何地方種植的罌粟都能開花結果。首先，上午要有足夠的日照，下午則要陰天；其次，白天要炎熱，晚上則愈冷愈好；第三，它開花的時候，絕不能下雨，否則就無法結果。因為只有緬甸（撣邦）北部和雲南南部面向東方、高海拔的坡地具有這樣的條件，所以撣邦的高地就成了最適合種植罌粟的地方，廣義地說，越北、雲貴、泰寮高原區向陽面的隙地，均可栽種。

　　由於適合種植罌粟的地方有限，鴉片產量自然就很少，價錢就貴。繼英國之後，侵占越南、寮國與柬埔寨的法國人也來分一杯羹，一時之間，數百萬朵罌粟花隨風搖曳，自此，邪惡的種子在金三角的傳播下，很快地就吹向全世界。

左：金三角的「毒王」昆沙畫像。（取材自鴉片博物館）

右：當年金三角的街頭巷尾都在販賣鴉片，圖為賣鴉片稱斤論兩的畫片。

孤軍 馬幫 互利共生

改編自作家柏楊同名戰爭小說，拍成電影的《異域》一片中，劉德華飾演的馬幫幫主，受到觀眾的矚目，但對大多數人而言，馬幫是十分陌生而神秘的，不清楚馬幫到底是好人還是壞人？是有組織的商隊，還是販賣毒品的幫派？是有武裝的土匪，還是落難的義賊？而馬幫和孤軍的關係如何？都讓人十分好奇。

既然盛產鴉片的地區是緬北和滇南，所以撣邦馬幫的鴉片生意動線，就是把鴉片從緬北運到金三角售出，售出的錢再換成黃金帶回北方。雲南多高山，交通不便，長途經濟活動必須依靠騾馬馱運物資。由於在山上形單影隻不安全，容易遇到強盜劫匪，商人便集結起一起行動，並自備武器，互相支援照顧，這是自古中國西南獨特的商隊組織，這種商人隊伍就通稱為馬幫。

馬幫無論是南下所運載的鴉片和北上所載運的黃金，都是高價的商品，經常會在途中遭到強盜或緬軍的打劫，需要堅強的自衛甚至他衛。從事馬幫生意的老闆或伙計都是雲南人，因此，當來自雲南的孤軍撤退到緬甸撣邦地區，「老鄉見老鄉，兩眼淚汪汪」，馬幫們真是如獲救兵，十二萬分歡迎他們。

孤軍於民國 38 年自中國大陸撤退到緬甸，在完全沒有任何奧援下，以一己之力對抗緬甸政府軍，在大其力之戰，幸有賴馬幫的協助得以打勝，而在緬甸存活下來，爾後在國府及美方的支持下，雖然得到軍需物資的運補，但皆為杯水車薪，因此，不得不另外爭取財源。孤軍的防駐區，正好是在緬泰寮三地交界的金三角地帶，亦就是舉世聞名的毒品鴉片產區，既要擴充軍需，又為求游擊隊生存，很自然地與毒品搭上線。

從各種資料顯示，游擊隊與鴉片、馬幫之間關係錯綜複雜。游擊隊需要鴉片以獲得軍需及日常生活的供給，而馬幫提供搬運鴉片與補給游擊隊日常所需，游擊隊則給予馬幫保護，使其順利完成運補工作，三者實則互利共生，缺一不可。而國府也知道鴉片在緬甸是可以合法買賣的商品，所以並不禁止部隊保護從事鴉片生意的馬幫和向馬幫抽稅，但明令禁止部隊從事將這些東西帶回臺灣，一旦查獲，一定沒收嚴辦。

馬幫　李彌部隊的一個運輸隊伍

事實上，李彌在緬甸撣邦地區重整旗鼓之後，也確實得到馬幫很大的幫助。例如，當李部在反攻雲南前，獲美中情局和國府的兩批武器彈藥等軍事物資援，都是由泰國警方從清邁機場和曼谷碼頭將資援運至泰緬邊界上，然後再由馬幫最大的老闆馬守一派出兩百多匹騾馬，由邊界經蚌八千、猛漢等地運到李彌位於猛撒的總部。李彌反攻雲南時全軍出動，再加上糧草的運送，所需使用的馬匹至少 500 匹以上，這都得力於馬幫的大力贊助。

馬守一除了以馬匹贊助部隊之外，在金錢上也贊助了百萬以上。由於馬守一出錢出力，李彌還特別對馬守一的部隊頒發了一個相當正規軍師級「第 12 縱隊」的番號。從李彌的角度來看，馬守一其實就成了李彌部隊的一個運輸隊伍，但是李彌根本養不起這個龐大的馬幫運輸隊，所以馬守一的第 12 縱隊還是要繼續做他的馬幫生意。

從李彌時期進入到柳元麟時期之後，部隊與鴉片的關係，基本上依然如故，但在柳元麟時期的鴉片稅收款項比李彌時期更高。到了段希文、李文煥的三頭馬車時期，段、李的 5、3 兩軍因為完全得不到國府的補助，更加需要依靠鴉片的稅收，甚至需要自行經營鴉片生意，才足以維持浩大的軍費支出。

左上：吸鴉片照片。
左下：採集鴉片的刮刀。
右上：吸鴉片的鴉片管。
右下：海洛因。
（取材自鴉片博物館）

35

孤軍須仰賴販賣鴉片才能生存

民國51年，蔣經國曾計畫再於滇緬邊區成立一支部隊，但他並不要3、5軍的官兵，要任兩軍自生自滅。為了生存，第3軍、5軍先後開始為馬幫、商旅當保鏢、抽稅，或自己也做鴉片買賣，以維持部隊生活。相較之下，第3軍做得早、做得大，第5軍做得比較晚、比較小。整個撣邦的鴉片貿易都掌控在李文煥、段希文的手中。

民國56年3月，段希文接受倫敦《週末電訊報》（Weekend Telegraph）訪問時便赤裸裸的說：「我們必須持續攻擊共產主義的罪惡。但攻擊必須有軍隊，軍隊必須有槍枝，而購買槍枝就必須有金錢，但是在這山區，唯一的金錢就是鴉片。」段希文如此，李文煥更是如此，所以段李兩軍是被時勢所逼，必須仰賴鴉片的販賣才能生存，但兩軍的作法不同，3軍是由軍長李文煥全權掌控，全軍就是一支武裝的馬幫隊伍，個人是不允許私自從事鴉片生意；第5軍的段希文自己不操盤做這個特貨生意，而是由下面的師團各自去從事。

在這種情況下，當民國56年，「毒品大王」昆沙把整個緬北地區的生鴉片全部買光，便大大斲傷了李文煥、段希文和馬幫的生財之路。段希文與李文煥將兩軍組合成「五七三五」部隊，「五七」指民國57年（1968年），「三五」指第3軍和第5軍。總指揮為段希文，副指揮為李文煥，聯軍勢必要向昆沙討回一個公道。這種生存的衝突終於在緬泰寮三角地區的蠻關村，展開一場驚動世界的「鴉片戰爭」，雙方死傷慘重，都是輸家。

鴉片是異域孤軍之所以能在金三角地區生存的重要憑藉，沒有鴉片，孤軍就不可能在那個地區生存，所不同的是，李彌與柳元麟是間接依靠它，而3、5兩軍則是直接依靠它，至於情報局的「1920區」部隊（註），則是可以不要依靠它。

註：民國38年中華民國政府退守臺灣，雲南地區國軍退入緬、泰、寮邊境，經歷民國42年及50年的2次大撤台後，國防部情報局於民國54年起再派出幹部在泰緬與中國邊境的「1920工作區」，成立代號「光武」的游擊武裝部隊。（情報局的組織架構，依序是區、站、組，「光武」部隊成立，「1920站」升格為區）。

金山角三國邊界上寮國的木棉島,是2008年成立「金三角經濟特區」的重要據點。

吸鴉片的頭枕。(取材自鴉片博物館)

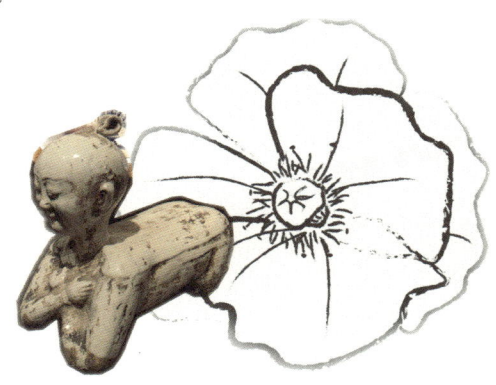

一個
美麗的
地方

他們戰死
便與草木同朽

他們戰勝
仍是天地不容

因為反共
而失去自己的國家

又因為反共
而有了新的國家

美斯樂 一個美麗的地方

文・張夢瑞　圖・王蘭兮

又因為反共而有了新的國家。
因為反共而失去自己的國家，
他們戰勝，仍是天地不容。
他們戰死，便與草木同朽，

進入美斯樂的地標。

今日美斯樂的美麗景觀之一。

「他們戰死，便與草木同朽，他們戰勝，仍是天地不容。」——柏楊《異域》

故事，從雲南孤軍的流亡血戰開始。

「美斯樂」是個美麗的地方。它位在泰北清萊省的美斯樂山上，氣候溫和濕潤，終年雲霧繚繞，層層的山脈都是茶園。這裡種植了超過 4 萬株的櫻花樹，「山深未必得春遲，處處山櫻花壓枝」，每逢 12 月到第二年的 2 月底櫻花盛開時，滿山遍野成了粉紅色的櫻花海，等待著遠方遊客來欣賞。

這裡的人，一眼看去，都是華人的臉孔，他們說著雲南方言，轉過頭來又用泰語招待客人，還會說一口臺灣腔國語。他們是泰北孤軍 93 師官兵及其後代，當年是中國國民黨政府、雲南反共救國軍第 5 軍。這支部隊在多年前為泰國政府北部及東北部的共黨叛亂，立下赫赫戰功，得到泰皇恩賜歸化入籍，並在泰府的援助建設下，如今「美斯樂」已經是泰北境內的中國城、華人村。

泰國人稱這一座山為 Santi khim，意思就是「和平的山丘」，它是泰國人對當地人的祝福，也是那些經歷無數戰爭，在血戰中倖存，在異鄉堅忍不拔，自力更生的泰北孤軍，以及他們的後裔最大的願景。

故事從泰北孤軍少校營長張國強說起

張國強，本身是孤軍第二代，父親張鵬高是孤軍領袖段希文將軍的副將、部隊指揮官。

「我父親是國民黨，以前在國內當遠征軍的時候，已經官拜少校。我是在緬甸出生的。」儘管沒有黨籍，國民黨在中國已不復存在、泰國也沒有國民黨，然而基於歷史的淵源，這裡的人依舊稱自己是國民黨、國軍。

民國 43 年，已撤退到臺灣的國府將未撤退的雲南反共救國軍，重新整

張國強，雲南反共救國軍第二代，與其父親都是雲南反共救國軍。目前擔任泰北義民文史館副主任委員。

「329青年節及反毒運動大會」中，各村子代表拿著旗幟遊行，圖為美斯樂的旗手。

編為「雲南人民志願軍」，留在緬甸佤山區繼續反共作戰。當時身為泰緬孤軍副指揮段希文副手的張鵬高，將懷孕的太太送到較安全的萊東待產。

「在我3個月大的時候，母親打扮成一個少數民族，從步行、坐車、再換牛車到緬甸撣邦一個叫孟洋的地方去找我的父親。」

父親張鵬高有2個哥哥，1個死在抗日戰場，1個從軍後失去消息，他要去為哥哥報仇，母親把家中僅有的1塊銀元塞給他，這一走，母子再未相見！張鵬高參加長沙會戰負過重傷，後來在松山戰役再一次負傷；從松山撤下，跟隨打騰衝戰役（註：抗日戰爭滇西緬北戰役之一）的軍隊前進之際，第3次中彈。3次的彈傷，早已讓他遍體鱗傷，但他依舊奮戰沙場，最後在清剿泰共時，雖然只受了點輕傷，卻因細菌感染一發不可收拾，從戰地用直升機送進清邁醫院後，再也沒有走出來。

張國強父子是孤軍唯一的兩代軍人。他從4歲開始躲空襲警報，12歲入幹訓班，14歲就拿槍上戰場。第一次參與的戰事，是和緬甸政府軍對抗。當時父親張鵬高帶隊進攻緬甸，年幼的他陪父親到漂排，未料在泰國境內就遇上了緬軍，其時他身上有一把卡賓槍，「在那種情況下，防衛也好，戰鬥也好，你都非打不可！」

15歲那年，張國強到帕蒙山附近的帕涼去探視父親，左腳才剛下直升機，震天動地的槍擊聲即從遠方傳來，原來是泰共入侵。當時一名步兵丟給他一支卡賓槍喊道：「大少爺，你要自保！」他回應：「我不只要自保，我還要保護我父親！」

張鵬高見兒子膽識過人，自此就把他帶上戰場，參與緬軍、泰共的戰事。

然而，張國強上戰場，是為了保護家人，他心裡對戰爭是相當痛恨的，

「戰爭很殘酷的,它所帶來的暴虐凶惡景象,令人慘不忍睹。我想,沒有一個人會喜歡戰爭。」

每次在戰場上看到弟兄陣亡,他心裡特別難受、自責,「如果我沒有帶他們出來打這場仗,他們也不會戰死!」看到敵軍的屍體,他也同樣難過,「敵人也是人,他們也有父母,可能還有妻兒,我把他打死了,他的家人一定很傷心。」自小隨孤軍四處漂泊,在血跡斑斑的戰場上,看到許多同袍弟兄陣亡,屍體就草草埋葬的悲慘景象,甚至因戰敗潰退,來不及埋葬的同袍,就任其拋屍荒野,令他悲不自勝。

後來,他決定不當軍官、不當兵,而是幫助戰役中苦難的同袍。

孤軍中的孤軍　永泰村的光武部隊

在泰北山區,同樣是國民黨留下的孤軍,光武部隊的情況卻格外糟糕,可說是孤軍中的孤軍。

張國強(左)與王紹章(右)在泰北義民文史館前合照。

這支由情報局秘密成立的影子部隊,沒有檔案,「不曾存在」的隊伍,景況十分淒涼。早期沒有安居的地方,而且日食一餐、衣不蔽體,「多年來,國民黨未曾發過一毛錢給這些士兵。」

張國強打從心裡同情他們，決心加入他們，同時向父親在世時認識的泰國高官求援。張國強的努力帶來一線曙光，泰國政府為光武部隊尋來一分厚重的差事，那就是「保路團」；泰國政府要修築邊界的國防公路，這些公路會經過甚至穿入泰共區，沿途十分艱險，需要武裝部隊幫助。「我帶著部隊去保護修路工人，一共花了3年多的時間，修復了3條主要的國防公路，但同時也犧牲了2百多位弟兄的生命。」

　　被遺棄的難民軍，為了活下去，在異域被推上為他國清除叛亂作戰的第一線，他們付出鮮血和生命，換取泰國公民身分。如今，末代孤軍解甲歸田，他鄉成故鄉，泰北至今近百個難民村，居住著10萬孤軍之後。

作為孤軍第2代，張國強對這一段歷史的看法

　　「我心裡並沒有怨恨臺灣。當初被遺棄在泰北，我們沒有恨，只是感覺像被父母趕出去的孩子一般，覺得自己的命途多舛。」雖然臺灣人民在《異域》這本書面世後，開始關心泰緬邊界的孤軍，並積極給予幫助，然而，每個月都深入山區探訪老兵的他，親眼看見那些垂垂老矣的傷殘孤軍，在滿目淒涼，狼狽不堪的環境下，得不到援助抑鬱而終。

　　孤軍中有一些曾是立下戰功的愛國之士，尤其是在抗日戰爭裡出生入死，前仆後繼，如今卻落得如此下場，臨終前得不到應有的尊嚴。他想起《異域》的作者柏楊說過的一句話：「他們戰死，便與草木同朽，他們戰勝，仍是天地不容」，感觸格外深刻。張國強說：「不管是在戰爭中死去，還是活下來，孤軍的命運都是一樣坎坷！」

　　中國人強調忠孝節義，張國強說，他都沒有做到。忠，他本身是為泰國打仗，未盡忠；孝，14歲父亡，他也沒有盡到為人子的孝道；節，他們現在歸屬於泰國政府，沒有保住節操；只有義，他能做到。共生死患難的弟

今日美斯樂的美麗景觀之一，漂亮的旅館坐落在山上。

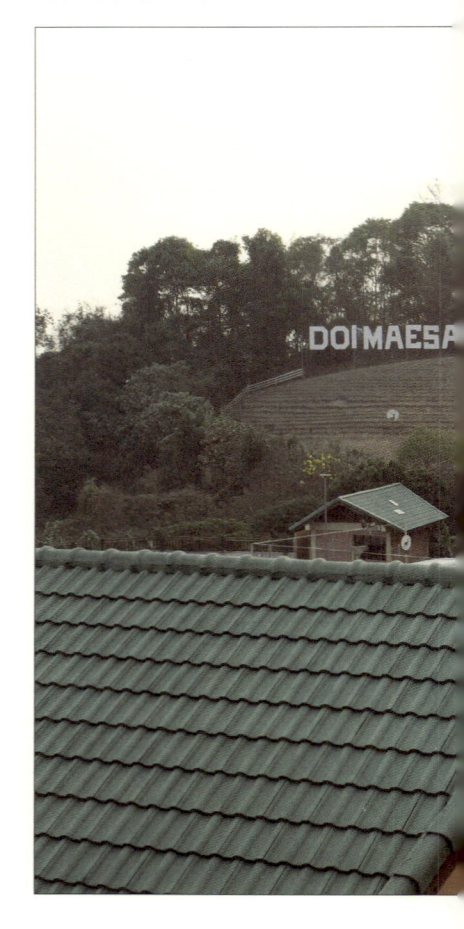

兄，有的殘，有的生病，他都盡心盡力照顧他們，甚至還萌生為戰死沙場的孤軍修墓。

近5年來，身兼泰北「義民文史館」副主委的張國強與主委王紹章及村裡的愛心人士，一起為死在異鄉的雲南孤苦老兵，出錢出力推動修墓。

修墓前，他考慮到，在異國把中華民國國徽印在孤軍的墓碑上，是否會引起政治問題？他親自到泰國政府請示，所得到的答案是未置可否，這樣的答覆，顯示泰國政府的眼中，這些烈士還是異族，「要是能把孤軍的靈位移到孤軍所屬的國土祭祀，才是他們名留青史的長久之計」。於是大夥把修墓及移靈的構想提出來，皇天不負苦心人，終獲國防部、外交部、僑委會等單位及立委吳斯懷親自到泰北了解，促成泰緬孤軍忠魂移靈臺灣圓山忠烈祠。

等了70年 泰北孤軍英靈入祀忠烈祠

移靈當天，張國強因健康因素，未能與王紹章主委一行抵台，但他強調，苦等70年的孤軍終於可以回家了。這一段既辛酸又悲壯的事蹟，最終獲得國家的認同，他內心萬分高興，熱血沸騰不止，他說，「雖然我未能親自到忠烈祠現場，但看到任務圓滿達成，我已了無遺憾，更要感謝大家同心協力完成孤軍移靈大業。」

反共救國軍
的
生
與
死

反共救國軍的生與死

文・王蓓琳　圖・異域故事館、張夢瑞

《異域》電影劇照之一。（張夢瑞提供）

時間就永遠停格在民國五十年。至此成了真正的孤軍，留在金三角的「雲南反共志願軍」

民國 54 年的「八六海戰」沉了 2 艘作戰艦、摔了 2 架噴射戰鬥機、199 位官兵陣亡、33 人被俘……，蔣中正的反共大計人物均一一謝幕，一切戛然而止。

為反共大計而先後成立的 9 支反共救國軍，結局又如何？

9 支反共救國軍中的第一支——「雲南反共救國軍」，於民國 40 年 1 月 10 日成立，卻在 72 年後，民國 112 年 6 月 30 日的暴雨落雷中，948 位反共救國軍的英靈才終於回到台北的國民革命忠烈祠入祀。

普羅大眾較熟知的「滇緬孤軍」、「泰北孤軍」，指的都是在民國 40 年由李彌將軍負責成立，銜命在滇緬邊境成立基地與中共作戰，後來卻留置在離雲南僅一山之隔的金三角，最終成為孤軍的這批游擊隊。

至於為何成為孤軍？時至今日依然像黑澤明的「羅生門」，各有根據與說法。

林桶法教授所主編《冷戰下的國軍游擊隊——反共救國軍》披露李彌給柳元麟的信，表示：「全部撤離回台的意思，完全是參謀總長（編按：周至柔將軍）搞的，總統始終沒有要我們全部撤離」，但在前國安會秘書長胡為真所著《國運的轉危為安——再探民國政府遷臺初期的軍事與外交（1949-1955）》中卻提到，蔣中正在國際壓力下「起初決意周旋，決定接運越南黃杰的部隊，但緬甸李彌部隊則由其自願為之，不強其所難」。雖然蔣中正決定最後撤台，但仍有相當數目的志願軍留下來。

但志願軍為何要留下來？

讓我們先回到民國 38 年，國共內戰烽火連天，國軍退守臺灣，一百多萬軍民渡海來台，那是大時代的悲劇，沒有人知道明天會怎樣，對任何一個逃難者、流亡學生、游擊隊、正規軍，都只是命運的俘虜，沒人知道做

李彌將軍像。

了這個選擇就是終點,也沒人能預測沒做這個選擇,人生就再也沒有選擇,等到年老體衰甚或第 2、第 3 代出生後,必然要面臨另一場抉擇:要不要回家?家到底在哪裡?

以運鴉片救自己　用檯面下秘密任務救國

民國 38 年共軍大舉南下勢如破竹, 63 歲的蔣中正遭受革命事業以來最大的挫敗。

在《蔣中正日記》中可看到,當時國軍失利退守臺灣,蔣中正沒有一刻不想反攻大陸。臺灣,無論是避難所或反共基地,都只是暫時的,即便在退無可退的江浙閩粵東南沿海也相繼淪陷,但反共愛國人士仍集結地方力量成立統稱為「江浙閩粵反共救國軍」,持續進行海上突擊作戰。

胡為真敘述了反共救國軍成立的時代背景:「中華民國政府於民國 38 年成立 9 個反共救國軍總指揮部,雲南是第一個成立的,當地游擊隊番號眾多,因此統稱『反共救國軍』得以統一指揮。這 9 個指揮部,主要是沿海的浙閩粵三區,民國 40 年 10 月 25 日於江浙成立的『反共救國軍』總指揮部,便是由家父胡宗南將軍負責。」

民國50年雲南反共救國軍將撤退回台。
(國雷協會提供)

同年,中華民國政府派駐在雲南的第 8 軍和第 26 軍與共軍作戰失利後,各有殘團撤退至泰國、緬甸、寮國交界邊區,經過重新整頓改編為「雲南人民反共救國軍」。

民國 40 年緬甸獨立且與中共建交,並於民國 42 年 7 月,在聯合國控訴中華民國政府在緬甸成立軍隊,國府迫於現實,不得不撤離在緬甸的反共救國軍。但有關雲南反共救國軍的撤台問題,

一說是李彌部隊不聽勸導，未撤台者有 4 千餘人，另一說則是在柳元麟所著《滇緬邊境風雲錄》提到：「段希文、李文煥在第一次撤台時未竟事宜，因為他們都是雲南人，並非第 8 軍，且與馬幫有關係，即使打敗仗仍可靠運鴉片生存。」

這些游擊隊員來自五湖四海，在沒有國軍協助下要肩負突擊工作與情蒐已屬不易，更何況地處偏遠的滇緬區，在缺錢、缺糧、缺補給的情況下，更為艱困。

胡為真證實此一說法，並補充說明未撤退的游擊隊員，後來在民國 43 年改稱「雲南人民志願軍」，矢志反共的中華民國政府仍利用這支部隊，繼續招兵買馬壯大軍力，未曾與之斷絕聯繫。

未撤的滇緬救國軍　永遠成了孤軍

民國 48 年中國發生大饑荒，中共在水旱蟲災下民不聊生長達 3 年，間或有反右派鬥爭、知識分子反抗、西藏抗暴運動等，百姓對共產黨的不滿情緒如排山倒海而來。

蔣中正評估此天災人禍情勢，認為是反攻大陸的最好契機，並於 49 年 7 月 16 日手諭參謀總長彭孟緝：「建立陸上第一反攻根據地：雲南西部以現有滇緬邊區游擊基地，向車里、佛海、南嶠、瀾滄、滄源、雙江等縣推進為第一步驟……而後第二步驟以收復雲南全省，作為西南反共革命之總基地……」。

同時，在滇緬邊區柳元麟部（雲南人民反共志願軍）之江拉（猛白了）機場建成後，先運特種部隊 1 個大隊作為該部游擊隊之重心，並整建該部，補充 1 萬人之武器，如無後座砲、重迫擊砲與 4 吋高射砲等，以強化該根據地。特戰第一總隊總隊長夏超奉命率 1,200 名特種部隊官兵空運緬境猛白

了機場，以增援柳部開闢反攻第二戰場，可說是政府遷台後國軍參加海外作戰規模最大的一次。

然而大小作戰互有勝敗，一鼓作氣再而衰三而竭，到了關鍵點的民國50年，游擊隊員在人數、補給上早已力不從心，逐漸無法抵抗共軍，只能撤退到泰北唐窩（Ban Tham Ngob）與美斯樂（Doi Mae Salong）。這一年，是最後撤軍與撤除正規軍番號，國軍游擊作戰在檯面上的任務，至此正式結束。

未撤軍且已改名為「雲南人民反共志願軍」則由柳元麟率領，於民國52年回台爭取後勤需要支援，補給滇緬區，此時美方態度轉為協助，並允諾空投補給，國軍亦派特種部隊增強實力。隨著柳部隊的茁壯，卻讓已建交的中緬政府更不遺餘力地於聯合國施壓美國，民國52年柳元麟撤軍。

始終厲兵秣馬的蔣中正於民國53年評估時機成熟，遂集結國軍精銳部隊，並動員三軍200位菁英研擬計畫，於福建演習，展開代號為「國光計畫」的秘密軍事行動，當時參與演習的軍官視死如歸，皆寫好遺囑，箭在弦上蓄勢待發時，卻遭到美軍強烈反對而胎死腹中。

忍無可忍的蔣中正於次年發動反攻，這一戰竟徹底摧毀了蔣的反攻大夢。「一年準備、兩年反攻、三年掃蕩、五年成功」的口號，在民國54年的「八六海戰」慘敗下，永遠成了口號；一如未參與民國50年最後一批滇緬撤軍的4、5千反共救國軍一樣，永遠成了孤軍。

戰爭下的故事多數都是悲劇，民國54年的丕變局勢，不是當年可想像的未來，一如民國42年第一批遠離故鄉來到異鄉的雲南反共救國軍，如今竟在桃園的忠貞新村以火把節、米干節，年年慶祝他們記憶中雖撤軍，卻永遠跟著自己的雲南身分；民國50年第二批撤軍來台的反共救國軍，被送至龍潭、高屏以及更偏僻的清境農場，種起高麗菜成了農夫，部分

泰北義民文史館壁畫孤軍英雄榜
（國雷協會提供）
1.李彌
2.段希文
3.柳元麟
4.李文煥
5.雷雨田
6.吳永昌
7.楊國光（考柯考牙戰役副指揮官）
8.李國輝
9.陳茂修
10.沈家恩（墜機）
11.張蓬高
12.劉紹湯副軍長
13.楊維綱
14.段國相
15.王畏天
16.熊定欽
17.古學進
18.央朝廷

สดุดีวีรชน
อดีตทหารจีนคณะชาติ
SINCE 1961

後代還賣起包料魚、傣族粽、竹蟲等，開了餐廳或民宿，雖然稱不上安居樂業，但起碼也能安身立命。

然而留在自己故鄉的那些反共救國軍，卻怎麼也沒想到，得做起各種「不得不為」的活，為馬幫、商旅當保鏢，或設關卡抽鴉片稅等，才能維持生活。

與第二批撤軍同時進行的還有「光武部隊」，當時是由國防部情報局（現今的軍情局）與留在金三角的滇緬軍共同成立的幹部培訓計畫，從事滲透、抗共的工作。靠著替泰國打泰共、上貢和種水果等，與泰政府維持友好關係，讓中華民國政府得以在泰國土地上持續從事滲透、抗共的軍事行動。

民國 60 年（1971）中華民國退出聯合國，友邦紛紛斷交，臺灣也成了孤島。民國 64 年蔣中正過世，泰國與我斷交，國民政府實施「華山計畫」，「光武部隊」就地裁撤，民國 70 年，國軍在檯面下的反共基地也完全撤離。

留在金三角的「雲南反共志願軍」至此成了真正的孤軍，時間就永遠停格在民國 50 年，李文煥、段希文帶著兵員、眷屬扛著家當，翻山越嶺落腳在叢山峻嶺、沒水沒電的泰緬北部。

直至民國 101 年有關單位迎回泰緬 440 名英靈，112 年迎回 948 名英靈，其餘不可考的，仍舊是逡巡在層層深山中的孤魂。

電影《異域》劇照之一。柯俊雄、劉德華、庹宗華主演。（張夢瑞提供）

雲南反共救國軍的幼年兵。

迎嬰來台的

穿針
引線
者

吳斯懷

迎靈來台的穿針引線者

雲南反共救國軍

文・施靜茹　圖・國雷協會、王蘭兮

民國112年6月30日下午2點，台北圓山國民革命忠烈祠的天空烏雲密布，雷雨交加。身著潔白英挺制服的禮官，在雨幕中端捧著「中華民國雲南反共救國軍」牌位，由三軍儀隊護衛將近千名忠靈入祀忠烈祠。這一幕有如驚天地動鬼神的畫面，讓許多國人感動。

迎回雲南反共救國軍牌位背後的穿針引線者，就是時任立法委員的吳斯懷。他居間和泰北當地華僑與中華民國國防部、外交部、教育部、僑委會、退輔會等單位奔走協調，才促成此舉。

孤墳無人聞問　美斯樂泰北義民文史館協助修墳

吳斯懷擔任中國國民黨第10屆不分區立法委員時，在網路上看到有團體為修繕泰北地區「中華民國雲南反共救國軍」的孤墳募款，善心人士以小額的500元、1,000元捐助，「這些孤軍遺墳在那裡70多年了，荒山野草蔓生，還有許多孤墳無人聞問。」吳斯懷請他的立委辦公室主任和我國駐泰國代表處、美斯樂泰北義民文史館主任委員王紹章等人聯繫。王紹章的父親王文華是孤軍第一代，就這樣每天3通、5通電話，吳斯懷跟王紹章說：「我們去幫你們修墳，你們可以先初步清理一下。」幾年下來，大概打了1、2千通電話。

吳斯懷猶記得，他擔任立委的第一年雙十國慶，泰北僑社修繕好第一批數十座孤墳，傳照片回來，「整座墓園修得漂漂亮亮的，祭祀時還插滿了中華民國國旗。」吳斯懷看了很感動，他跟泰北僑社的人說：「後面的事，我來幫忙。」接著聯絡國防部、外交部、僑委會和退輔會等單位協助，政府也分年編列預算約三千萬元，逐年完成這樁美事。

雲南孤軍修墳之路　路遙遙

國人對泰國、緬甸、寮國近一千公里的叢山峻嶺之處的「金三角」不算陌生。歷經70年，孤軍的後代已經很少人住在那裡，他們只能先去請孤軍第一

前立法委員吳斯懷。

代的老先生就他們記憶所及的戰場位置，去尋覓墳墓。

「說來很悲壯，當年孤軍打到哪裡死在哪裡，就埋在那裡！」吳斯懷說，除了孤軍第一代，也要委由他們的後代去尋找，才慢慢清出墳墓。第一批先清出 20 多座墓園，最後甚至清出 700 座墓園。

而孤軍墓園也透露出戰爭硝煙的殘酷。「像是有一個黑色大理石墓碑，上面有 8 個名字，因為一顆砲彈打下來，8 個同袍都被炸死了，屍體炸得一片凌亂，沒辦法一一清理，就全都埋在一塊兒。」吳斯懷感歎：「還有的墓是無名碑，因為某位孤軍死了，他的軍人同袍不知道他的名字，幫他收屍，就拿個石頭做標記，立個無名碑。」

泰北僑界出錢出力　造忠烈祠供奉忠靈

當年的戰場，如今只有孤墳野草，還好有當地的台商總會和泰國僑胞，3、40 年來熱心出錢出力，除了修墳，還建造當地的忠烈祠。

而僑社協助清理這些孤墳，最重要的是墓碑有名有姓者必須造冊與我國國防部兵籍名冊比對，像是第幾師、第幾營、兵籍號碼。無名者，則以地區來評估。也有就地尋獲的木頭牌位已破損不堪，就以莊嚴肅穆的大理石將其修好，並註明是中華民國第幾軍。

執行此案也令吳斯懷十分感慨，這些孤軍後裔的第二代、第三代甚至第四代，多早已入泰國籍，白天必須受泰文教育，下午 4 點到晚上 8 點去華文學校學華語，學校掛的是中華民國國旗，學繁體字、寫毛筆字、教中華文化的忠孝節義。

對岸一直想收編這批孤軍後裔，希望他們學簡體字、插五星旗，願意回

吳斯懷以「泰北孤軍後裔關懷協會」理事長身分參加2025年泰北「青年節及反毒運動大會」。

中國讀書，可包辦學費，「但是這批人就是不願意，」吳斯懷說：「在泰北華文學校大禮堂，看到懸掛『養天地正氣、法古今完人、為往聖繼絕學、為萬世開太平』的對聯，我眼淚都快掉下來了。」

用「亞細亞的孤兒」來形容這些孤軍最為貼切，「他們在蠻荒的金三角作戰，後來沒有人管他們，要種些吃的也種不出來。」吳斯懷說：「但是他們想辦法活下去繁衍後代，仍堅守中華文化，實在令人佩服。」

迎回孤軍英靈 5 萬名　找到名字只有 948 人

修泰北孤軍墳墓到第 3 年時，逐步有了進度，吳斯懷於是邀請時任立委的溫玉霞、游毓蘭與李德維等人前往當地，實地瞭解過去幾年投注的心血成果。

一行人到了美斯樂泰北義民文史館，孤軍後代穿著雲南少數民族服裝，從小學生到高中生，列隊站著滿滿的人，拿著中華民國國旗、唱著中華民國國歌，在臺灣現在許多場合都已經不唱中華民國國歌了，「論語提到的『禮失求諸野』這句話，我能深刻體會，」吳斯懷說。

吳斯懷協助迎回臺灣的中華民國雲南反共救國軍的英靈約 5 萬名，但有兵籍資料只有 948 人。「我們在泰北義民文史館做法會招魂，告訴這些英靈：各位革命先烈，現在集合號令已響起，我曾經是中華民國將軍，大家聽我號令，趕快歸隊，現在中華民國政府要帶你們回去。」此情此景令現場人士莫不動容。

玉成此事，吳斯懷說，他在軍中服役 44 年，一直很關心國軍的戰史。「如果一個軍人不重視戰史，不重視國家的歷史文化，就不會知道你的祖先怎麼來的。」他略帶嚴肅口吻，說起做此事的初衷。

「我說成功不必在我，這是國家應該做的，因為我是國防外交立委，又

雲南反共救國軍紀念章。

是軍人出身，我應該為我的前輩做一些事情。」吳斯懷道出低調執行此案4、5年的初衷。

迎回雲南反共救國軍靈位來台，引發臺灣社會關注，其實不少海外台商和僑社也很關切此事；而據瞭解，中國大陸對此事迄今沒反應，「沒反應就是好反應，也就是對岸必須承認這個事實！」吳斯懷說。

考慮未來如何繼續照顧孤軍後裔傳承中華文化，吳斯懷在卸任立委前成立「中華民國泰北孤軍後裔關懷協會」，已獲內政部核定在案。目前正積極規劃相關方案，歡迎理念相同的朋友一起參與關懷行動。

唐窩的忠烈祠後面由國防部協助修繕的孤軍烈士公墓，有「佚名烈士之墓」，上面鑲嵌著中華民國國徽。

因為反共
而
有了
新的
國家

美斯樂街坊牆壁上的美斯樂茶園風光圖。

段希文的毀家興學

又因為反共而有了新的國家
因為反共而失去自己的國家

文・張夢瑞　圖・王蘭兮

「他們戰死，便與草木同朽，他們戰勝，仍是天地不容。

因為反共而失去自己的國家，又因為反共而有了新的國家。」──柏楊在《異域》小說裡的前二句話，第三軍張自鴻的兒子增加後二句。

民國53年3月，段希文將軍率領第5軍（當時代號為「5131部隊」）及眷屬，移至美斯樂建立基地。百廢待舉中，段希文仍指示：為復興中華文化、教育後代、培植英才，將不計一切困難，全力創辦小學及初中。

民國55年初，「興華中學及附設小學」於美斯樂正式創立。草創之初，學生僅數十人，老師由軍中文士及地方仕紳擔任。段希文將軍期勉全校老師，以「有教無類、不分地域、造就人才」為宗旨。不收學雜費用，並製發全校學生制服，清寒而品學兼優者，另發給副食。

美斯樂興華中學

從泰北清萊美斯樂新生旅館往右邊的大路走，穿過雜貨店、茶行、餐廳，上坡下坡，走啊，走啊，眼前聳立著一座石碑，上頭寫著：「美斯樂興華中學」。學校是由一座操場跟3面藍白相間的校舍圍建起來，操場中央有司令台，後方書寫著「禮義廉恥」4個大字，左方坐落著泰北孤軍領袖段希文的雕像。

泰北義民文史館段希文將軍的雕像。

> 來生永為大漢臣。
> 今生不見長安月，
> 魂寄佛國節覆身；
> 客死南洋天為槨，

雲南反共救國軍第五軍軍長段希文將軍。

興華中學就是段希文創辦的。

段希文，雲南陸軍講武堂步兵科畢業，抗戰時任中華民國39師師長兼武漢衛戍區司令，抗戰勝利代表政府在九江受降。民國38年，國共內戰，雲南兩廣等地投降中共，段希文經廣西、廣州走避香港。50年代初期，香港雖然遍地是商機，可段希文是個帶兵打仗的軍人，對做生意一點也不感興趣，在香港的生活可謂是百無聊賴。他在太平山下租了一戶民居棲身，平日裡深居簡出，除了與滯留在香港的幾個軍隊裡的舊同事往來外，絕少與外人聯繫。

民國40年，李彌奉命編組雲南人民反共救國軍，經李彌邀請，段希文進入金三角地區，加入雲南反共救國軍，成了泰北孤軍的總指揮，開始了他異域的軍旅生涯。孤軍當時陷入四面楚歌的困境，處境極為艱險。

毀家興學

民國49年，泰國政府以反共理由，禁止泰北華文教育，段希文卻力排眾議，以「教育不能等」，堅持創辦華文學校。原因在於段希文認為，一個人，不管身在何處，都不能忘了自己的本。不料，當籌備開始時，卻有許多朋友關心、勸阻，同袍皆不表贊成，咸認為，沒有基金的大眾福利事業，有賠無賺，將會是個長久負擔，永難填平的坑穴。袍澤建議，可不可以緩一下？他們表明，現在部隊這麼窘迫，吃不飽，穿不暖，再窮再餓下去，擔心會出亂子。

那時候孤軍一窮二白，軍人都吃不飽，穿的衣服破爛不堪，孩子留著鼻涕，連鞋子都沒得穿，臺灣政府又斷了補助，四處張羅不易，很貧困的時候，段希文居然要建學校，「建學校要有資金，但是，

段希文將軍的墓在泰北美斯樂的一個山丘上。國雷協會訪問團赴其墓前鞠躬致意。

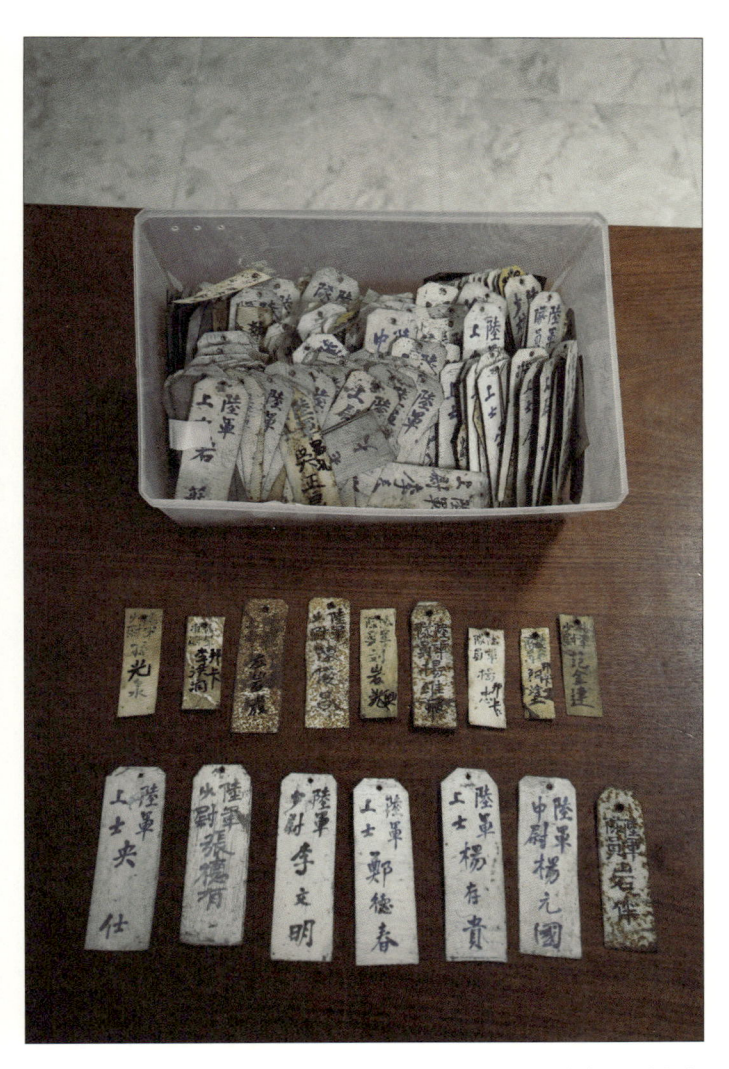

泰北義民文史館供奉著孤軍靈位，圖為犧牲亡故的孤軍名牌。

錢從哪裡來？」同袍的想法並非毫無根據。依當時情況，辦一所學校所需的人力、財力，孤軍都面臨財匱力絀的地步，但段希文認為，辦學校不比做生意，他沒有理由對莘莘學子失學這件事視若無睹，無動於衷！最後他當眾表示，辦學係屬個人意志，應用私款而非公款，他透露，自己在曼谷還有一棟房子，可以把它賣了，拿來辦學校。

段希文「毀家興學」輻射出來無法量化的影響力，直達人心中最幽微的角落；他說服眾人，不顧一切困難與犧牲，堅決辦學校。

興華的師資早期主要以軍隊中教育程度較高的軍官，或是少數隨軍的難民、文化水平較高者擔任。段希文為加強興華中學與臺灣教育接軌，特聘臺灣教師到興華教學，其中孫斌校長將臺灣的ㄅㄆㄇㄈ拼音帶入美斯樂，有助學生學習中文，後期到臺灣留學歸國的學生，也相繼投入興華師資的行列，將臺灣的教材教法融入泰北。

民國51年，緬甸尼溫政府實施社會主義路線，逐年排華、禁華政策。緬甸華人在當地的生計受到影響，逐陸續逃亡泰北尋求發展，其中不乏高知識分子的大學生投入興華的教學行列，他們主要教授英文、數學、化學、物理、自然等科目。民國57年，大陸文化大革命2年後，毛澤東為了解決紅衛兵問題，決定把大規模的城鎮青年送到鄉村，史稱「上山下鄉運動」，許多被下放到雲

興華中學校長楊成孝講述其治學理念。

興華中學的學生在練毛筆字,傳承中華文化。

南一帶的知青，不堪下放勞改，感覺前途黯然，逃亡到臨近的緬甸，再由緬甸進入泰北。

加入泰北的知青成為美斯樂的教師，知青加入泰北產生連鎖效應，此後相繼有7、8位成為教師。最出名者為金三角文學作家曾焰及其夫婿楊林。

泰府施鐵腕　取締中文教學

泰國於民國35年1月23日和中華民國建立大使級外交關係，至民國64年7月1日斷交，改與中共建交；同時期的泰北地區，卻因孤軍平定泰北共產黨軍隊（苗共）後，反共的理由不再，泰府反而以中共施壓為名，施以鐵腕，雷厲風行取締泰北中文教學，興華中學首當其衝，學校的所有財產、校地全部被沒收，改為泰文學校。

那是泰北華教的黑暗期。幸得當時的校長楊春達（「興華」第10任校長）將孩子化整為零，分散到偏僻的寺廟、空屋、豬圈，以打游擊的方式，心有餘悸地傳道授業。老師們都是冒著被泰軍逮捕審訊坐牢的風險，時而中斷，時而繼續，進行薪火相傳，時間長達8年之久。民國82年，泰府教學禁令暫緩，華文教育才得以重獲生機。段希文長子段湄川回鄉接任校長。民國90年「興華」成立董事會，聘任旅台校友楊成孝為第13任校長。

「我是興華中學不及格的學生。小時候不喜歡唸書，調皮搗蛋，製造麻煩，壞學生做過的事，我都做過。」楊成孝接受訪問時快言快語的說，他是抱著贖罪的心情，接下段希文將軍創辦的學校。

已在臺灣落地生根的楊成孝，原本計畫只做2年，待學校制度建立後就離開，不曾想，時間過得真快，一眨眼，居然9個2年過去了。楊成孝沒有把有限的資源投入大興土木，反而大力為老師爭取福利，同時也賦予老

泰國清萊華校教師公會會長及泰北孟安聖心中學王紹章校長，是泰北各級學校的領導者，協助華文教育甚多。

師帶好學生的責任，讓這所泰北最早成立的華校，維繫著創辦人段希文當年井然有序的校風。

由於泰國政策的關係，即使泰北地區可以大方設立中文學校，但畢竟是立足於泰國，孩子們平日白天一定要上泰文學校，想學中文只能利用下午3點半學校放學，4點再趕到華文學校學習。這裡的華裔學子，就是如此辛苦的早也上課、晚也上課，名副其實的披星出門、戴月回家。段希文創校曾言：「不管身在何處，都不能忘了自己的根本。」看莘莘學子為了保留中華文化的根而努力，著實令人動容。

國仇家恨兩茫茫，白山黑水是故鄉

段希文付出後半生的全部身心，帶領部隊奮鬥不懈，直到不再流離失所，獲得遺老及眷屬後代的最高崇敬，被尊稱為「希公」。民國69年6月18日，段希文心臟病突發去世，享壽69歲，葬於美斯樂，他的墓碑朝向雲南，碑文寫著：「客死南洋天為櫬，魂寄佛國節覆身；今生不見長安月，來生永為大漢臣。」

段希文辭世後，雷雨田成為美斯樂地區孤軍的領袖。民國70年「考柯山」、「考牙山戰役」結束後，三五聯軍解甲歸田，屯守邊境，從事農耕生活，為了美化環境，雷雨田讓軍民開始廣植櫻花樹。

物換星移幾十載，今日泰北的美斯樂一帶，春天櫻花盛開，是泰北最熱門的賞櫻勝地，也是泰國最重要的茶葉產地、旅遊好所在，曾經的難民村，已變得清潔、衛生、舒適。

柏楊在《異域》裡的名言，活生生地呈現在這裡：「他們戰死，便與草木同朽，他們戰勝，仍是天地不容。」第三軍張自鴻的兒子另加上二句：「因為反共而失去自己的國家，又因為反共而有了新的國家。」

沒有
一場
戰役
值得

歌頌

文‧張夢瑞　圖‧異域故事館、謝小韞、楊惠娥

王根深

「異域故事館」創辦人

沒有一場戰爭是偉大的
更沒有一場戰役值得歌頌

那個殘破不堪的戰場。
但你的靈魂和心仍留在那裡，
你雖然身體回來了，

——電影《美國狙擊手》

異域故事館創辦人王根深。

異域故事館陳列室。

沒有一場戰役值得歌頌

時代變局，烽火連地，
為爭一個歷史字「了」啊！
1949年中國大陸易幟，雲南一支滇軍部隊，
縱橫馳騁於泰寮緬邊區紅色國境，持續浴血抗共。
他們先後化身為反共救國軍、雲南人民反共志願軍、
泰北孤軍和光武部隊，有數萬人在異域奮戰30年⋯⋯
這群異域孤軍，在遙遠的金三角叢林，
為台灣牽制了中共西南兵力，確保了台海安全，
也造成日後泰、馬、緬軍國之共黨瓦解體⋯⋯

In 1950, the Chinese mainland changed its flag, and the ROC relocated to Taiwan.
A "Lost Army" that continued the fight in the border lands of Yunnan. Still fighting with the Chinese Communist Party (CCP).
Continuing to erect the red flag with blue sky and white sun, and despite the odds continuing the fight on the border between Yunnan, Myanmar, Thailand, and Laos.
Under different names, the Yunnan Anti-Communist Salvation Army, Yunnan People's Volunteer Army, The Northern Thai Lone Army, and Guangwu Army.
To sustain the CCP's southwestern forces and help rein in their forces against Taiwan,
These troops helped defend the security of the Taiwan Strait,
helping to lead to the disintegration of the Communist Party of Thailand, Malaysia, Myanmar, and other countries in the following years.
The ROC troops continued to fight for 30 years but faced the sacrifice of countless troops, allies, and friends.
These troops living in the jungles of the Golden Triangle as the orphans of Asia.
What a heavy burden they have shouldered! Alas! The word 'CHAOS' cannot describe it!

異域故事館內陳列之軍服。

異域故事館內陳列的手榴彈、鋼盔等軍用品。

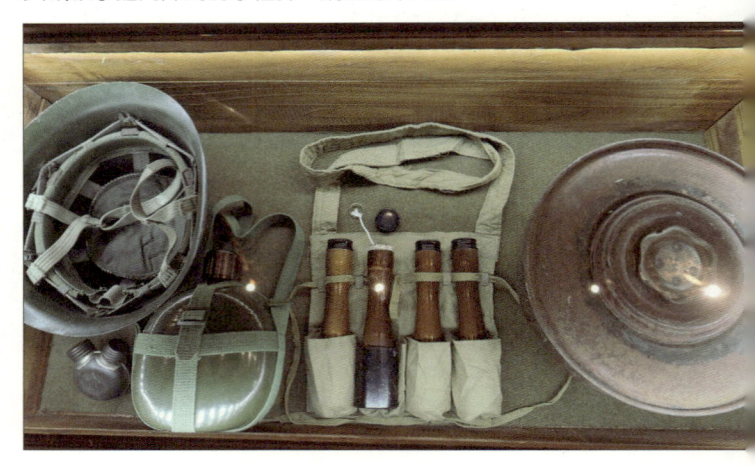

異域故事館內陳列的1:1槍枝展示。

異域故事館內陳列的軍用水壺。

民國 38 年中國大陸易幟，中華民國政府退守臺灣，雲南的一支殘餘部隊──滇緬邊區游擊部隊，繼續轉戰滇緬邊界，他們先後有不同的身分：「雲南反共救國軍」、「雲南人民反共志願軍」、「泰北孤軍」和「光武部隊」，有數萬人在異域奮戰達 30 年。這群孤軍在遙遠的金三角叢林，為臺灣牽制了中共西南兵力、捍衛台海安全。民國 54 年，國防部情報局再派出幹部在泰緬與中國邊境的「1920 工作區」，成立代號「光武」的游擊武裝部隊。光武第 1 至 4 大隊最大兵力約在 2,000 人至 3,000 人間。乍看人數不多，但在各方勢力三不管的邊區，仍然是十分可觀的武力。光武部隊的成員，雖包括由臺灣派往的幹部，但絕大多數仍是當地招募而來。這些從中國大陸流亡到緬甸的僑胞青年，也因為從軍而徹底改變了一生。

緬甸華僑王根深　拿起槍捍衛中華民國

王根深出生於緬甸密支那華人世家，本可坐享富足的生活，然而在幼年教育時期，受到國父三民主義思想、國父革命 11 次起義，10 次失敗，終於建立民國的感召，15 歲便瞞著家人，選擇拿起槍桿，加入臺灣情報局在泰北成立的光武部隊，於金三角地區進行情報工作達 13 年之久。

為了接受基礎受訓，王根深花了 1 年時間，從緬甸最北的港口密支那出發，走了 1 萬 8 千公里的路程到泰北馬干山區、海拔 1,800 公尺的格致灣基地報到；一路上遇到瘴氣，得過瘧疾，全靠同伴、老師們彼此輪流揹著，才安全到達。

一甲子前的塵封往事，王根深至今記憶猶新：「我是民國 55 年 10 月的一個晚上 10 點到達格致灣基地。」報到的學員每人領到一支卡賓槍和一套純棉軍服。

接受 1 年餘的訓練，畢業時才滿 17 歲。由於最初成立的游擊部隊犧牲

太多人,加上 2 次撤台,剩餘的隊員裡懂中文的人不多,從小讀華文學校的王根深就被派到滇緬邊界,軍銜少尉,開始了長達 10 餘年的烽火生涯。

光武部隊曾多次深入大陸執行情報工作,並派遣特遣小組滲透雲南境內,秘密發展游擊武力,期間備受緬共襲擊,爆發多次戰鬥。

「部隊大雨移防中遭遇敵軍伏擊,槍砲聲大作!敵明我暗,部隊就地掩護,我的同學中彈倒地,臥倒在道路當中,呼天搶地的叫:『救我救我!』但敵明我暗,指揮官竟下令不准救他,避免徒增傷亡!忍見同學力竭聲嘶,血水和著雨水流過我們的身軀,我們也淚流滿面,已經分不出到底是血水、雨水、汗水、還是淚水?指揮官要我們撤退,他絕望的叫最後一聲『媽媽』後,歸於寧靜。」

至今夜闌人靜時,同學的哭喊呼叫媽媽聲,如夢魘般的過往排山倒海而來,王根深陷入困境,罹患「創傷後壓力症候群」,其處境一如電影《美國狙擊手》所說:「你雖然身體回來了,但你的靈魂和心仍留在那裡,那個殘破不堪的戰場。」戰爭很殘酷,與他一起受訓的 68 人,最終倖存下來的不到兩成。

「在基地村寨前,擠得密密麻麻的人群,準備歡迎拂曉出擊、黃昏日暮時凱旋的孤軍特遣部隊,但現場卻安靜異常,沒人敢出聲。因為望眼看去,對面山頭似乎少了幾個人,大家都在看是誰家丈夫或是兒子沒有回來?直等到走近確認,陣亡的是自己的親人,哭聲與呼喊聲瞬間爆發!」──「異域故事館」中王根深與

異域故事館內展示當年孤軍吃飯情景的照片。

同袍間生離死別，時空凝結的真實錄音。

「誰會發動戰爭？政客和軍火商會發動戰爭！」當戰爭結束，軍火商繼續生產、販賣更多武器，政客尋找的是如何謀得一個好位子，但是小老百姓尋找的是孩子和親人的墓碑。身歷戰火連天，生死一線的王根深，對戰爭自有一番領悟：「戰場上不是你殺敵人，就是敵人殺你，沒有其他選項。」「戰爭殘酷，生靈塗炭，家破人亡，無一倖免。」

教我如何能忘懷

王根深後來轉任情報員。一次，與一位知情他身分的女情報員搭檔「龐德女郎」一起出任務，運送物資到泰北山區友軍，船隻航行於湄公河上，正要悄悄地通過寮共據地時，他們的船隻被發現，「岸上寮共大聲廣播，叫船停駛，靠岸接受檢查！」王根深硬著頭皮硬闖，結果引發槍聲大作！身旁的「龐德女郎」不幸中彈，鮮血染紅了她的衣衫，倒在王根深懷裡，斷斷續續對他說話，「當時雖然硝煙四起，引擎馬達聲轟隆隆，可我的耳朵卻聽不到一點雜音！」他全心全意要聽她說些甚麼，但是女郎卻說不出一個字，直到嚥下最後一口氣。「我彷彿聽到，她在說：『我在天涯盡頭等著你……』。」以後的時光，看起來與之前沒什麼兩樣，但他行盡江南，卻再無法與離人相遇。

情報人員工作危如累卵，時時面臨生死危機，「你不害怕嗎？」不時有人問王根深這個問題，「我那時候年輕，也不知道害怕，一心只曉得我能為國家做什麼。」王根深一度曾被緬甸政府抓進牢裡，戴上了手鐐腳銬，「是我的妻子冒死救我出來的。」

王根深的妻子李詩梅是緬甸傈僳族人；當時她身懷六甲，為了營救丈夫，她挺著懷孕之身，四處奔走，千方百計行賄警察、檢查官、法官，在丈夫押解移送法院途中，成功將丈夫從囚車中救出。

回到臺灣

民國 64 年，因聯合國壓力及其他多方因素，光武部隊任務結束，必須裁撤。67 年，王根深隨同其他情報員回到臺灣，他並不想回來，父親也叫他不要回來，王家在緬甸擁有不少產業，生意興隆，極需要他幫忙，但王根深是情報人員，身上背著許多國家機密，必須回來。帶著妻女踏上臺灣的土地時，他想起自己入國民黨宣誓時的情景，心緒如潮水不斷在撞擊。他回到情報局工作，住進忠貞新村，終於有了個穩定的家。

忠貞新村位於臺灣桃園市中壢區與平鎮區交界處的龍岡地區，是中華民國政府於民國 43 年為第一批撤退來台孤軍，特地在當時興建的 3 百多個眷村中，選定配發至桃園縣八德市、中壢市、平鎮市交界，國防部賦名為「忠貞部隊」的眷村。當時的桃園，遠不及如今繁榮。眷村裡的軍人與眷屬，像是另一種形式的新移民，其中光是雲南就有 25 個少數民族，其他靠近泰國和緬甸的還有傣族、傈僳族與景頗族。

因國防部推動國軍老舊眷村改建計畫，忠貞新村於民國 94 年初拆除，現多已改建為住商大樓；而原址的舊基督教堂及聖德幼稚園已整建成為「忠貞新村文化園區」，園區占地約 1,000 坪，包含了異域故事館、孤軍紀念廣場、文化教室與餐飲、文創商店。

不願故事被遺忘 不忍青史盡成灰

王根深是最後一批撤退的光武隊員，也是在孤軍末期游擊戰中少數的倖存者。來台後，他發現「幾乎沒有人記得我們，也沒人知道光武部隊在『異域』做了什麼。」當年在泰北叢林裡，游擊武裝部隊為國家前仆後繼，戰死沙場，曝屍野外的故事竟無人知曉，政府也不重視，王根深至表遺憾。「滇緬游擊部隊前後加起來有 30 年的時間，從初期的 1,500 人，到 2 萬多人，多少人流血流汗，犧牲性命。這段歷史難道就這樣被埋沒掉？」

王根深坦承，他身上負有一個重擔，就是關懷老兵，傳揚孤軍精神。「既然沒有人記得這段歷史，我就把滇緬邊區游擊隊為國家拋頭顱、灑熱血，從戰火上經過，由砲彈中倖存的真實故事公諸社會，讓臺灣百姓知道，曾經有這樣一個部隊，為中華民國效命沙場。」

積極籌備興建「異域故事館」過程中，王根深曾向公部門申請求助，對方卻置若罔聞，不予理會，王根深眼見自己年紀愈來愈大，再不做，孤軍這段悲壯歷史，就要永遠沉埋於歷史的灰燼中。於是，他毅然決定獨力撐門挂戶，自己興建「異域故事館」。藉由自身的孤軍經歷，經過十餘年，從國防部、外交部、金三角、美國中情局等地收集上萬件史料，將異域孤軍在泰北邊境艱苦卓絕，深入叢林打游擊，對中華民國赤膽忠心等史實，雖曾天地不容，最後終在自己心中信念的家鄉發光、發熱的孤軍，在「異域故事館」中，以多媒體互動及空間氛圍呈現他們的故事，也訴說著國家的故事。

戰爭是殘酷的

在「異域故事館」陳列的孤軍史料中，有一個單元專門陳列當年孤軍戰爭使用「1：1的比例原槍打造的武器」，王根深說，「戰爭帶來粉身碎骨的毀滅與無窮無盡的痛苦！沒有一場戰爭是偉大的，更沒有一場戰役值得歌頌。」走過那個年代，參與過無數大小戰役的王根深，深刻體驗戰爭的殘酷，因此極不願意看到臺灣亂，更不願看到臺灣的孩子上戰場，他說，「一旦兵凶戰危，不論是誰都不會得利。」

異域故事館大門。

女政工在台落地生根的故事

趙全英

異域游擊隊女政工在台落地生根的故事

文‧張夢瑞　圖‧趙全英、王蘭兮、楊國安

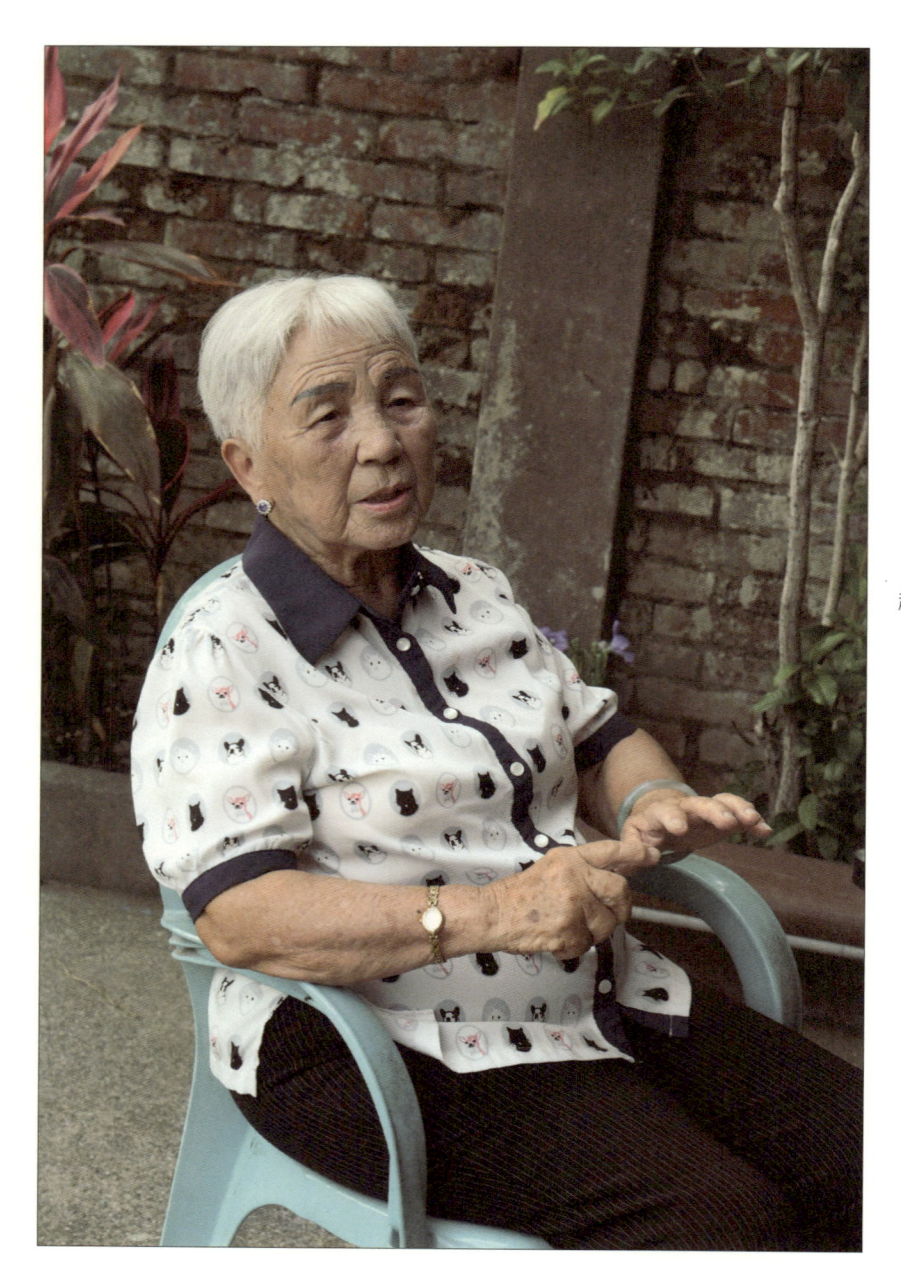

趙全英在家中接受本刊訪問。

曾經，有一群人在異域邊境的槍林彈雨中顛簸遷徙，又隨著局勢發展離鄉背井，到了他們生命中的「新異域」。或許他們曾茫然於自己的認同，也曾迷惘於其他群體加諸在他們身上的定義，這些經驗都滋養與形塑了他們的人生。

超過一甲子，他們用歲月與堅持，把故事刻在這片土地上。這裡不再是暫時寄寓的處所，而是承載他們過往記憶和未來希望的家園。他們的到來與耕耘，也飽滿和精彩了他們落地生根的這片土地。故事要從滇緬游擊隊女政工趙全英說起……。

趙全英15歲加入游擊隊，負責游擊戰時的文宣及勞軍工作。當尋常孩子在父母保護下成長時，趙全英卻必須四處征戰逃亡。戰爭落幕，她在高雄荖濃溪畔落腳，60多年來，在滿佈鵝卵石的荒蕪河床上，艱苦開墾出生存之地。荒田有了生機，她也逐漸老去………。

趙全英展示她珍藏的家書。

泰緬孤軍中罕有的女政工

對趙全英來說，民國38年真是悲痛難安的一年。國共內戰，共產黨打到雲南，趙家是大地主，產業全部被沒收，一家老小也遭迫害，東躲西逃，終於逃到緬甸。趙全英先是為了讀書，投入朱鴻元反共的游擊部隊，後在猛撒受訓後，被編入柳元麟指揮的「雲南人民反共志願軍」第5軍第16師政工隊。

部隊生活很苦，居無定所，「今天這邊住一住，不合適，馬上又移防到另一個地方。」住不了幾天，又覺得不安全，連夜遷移到另一個地方。趙

全英說,那時候緬軍聯合共軍清剿孤軍,緬共也把槍口對準他們,部落裡面有勢力的,也趁機打擊游擊隊,「孤軍危機四伏,每一步都是危險的。」

有一次,部隊行進準備過河,到了河邊,發現橋被敵人炸壞了,無法通行,指揮官一聲令下:抓著馬尾巴渡河!「馬不怕水,走在前面,我們手抓著牠的尾巴,亦步亦趨跟著過河。」越過河,大伙興高采烈,高聲歡呼:「我們是打不死的,哈哈……」往事並不如煙,不像煙一樣易散,儘管被時光洗鍊,它依舊久久縈繞心頭。

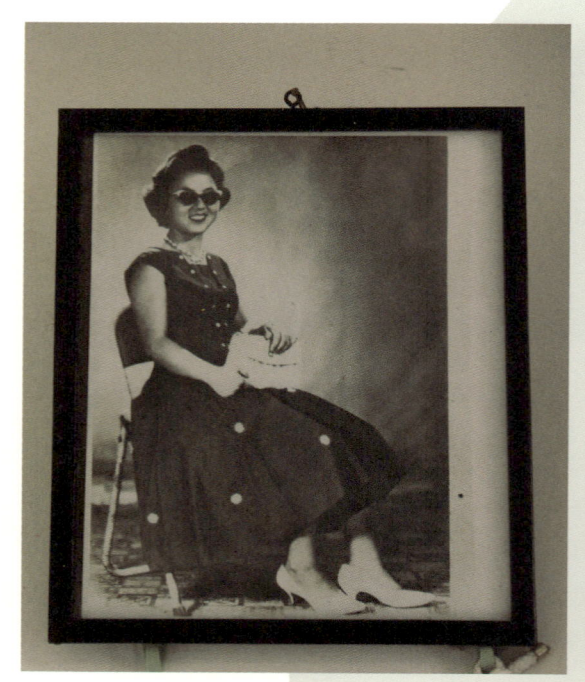

上:趙全英年輕時的玉照。中:趙全英的父母親玉照。

趙全英是滇緬游擊隊女政工，這是一個特有的編制，主要負責作戰文宣及勞軍。緬甸山區多叢林，叢林綿延相續，昏暗不見天日的環境讓人生畏。叢林山道隱隱約約，使人感到幾步之外，就是不可知的地段，因此，當游擊隊深入叢林與敵人短兵相接進行遭遇戰，難免會誤闖鄰近的村莊，村民見持槍荷彈的軍人闖入，驚恐萬分，倉皇逃命，四處奔散，場面十分混亂。這時，女政工就要打頭陣出來對村民喊話：「鄉親們不要怕，不要跑，我們是好人，不會傷害你們……」設法安撫村民。

西線無戰事的日子裡，政工隊還要協助部隊，推行文康活動，唱唱

反共救國軍總部在緬甸江拉，女兵實彈射擊訓練。
女兵前排（左至右）：趙美仙、張鴻芳、楊菊美。後排（左至右）：常建芳、李興芳、楊仙琴、常麗芳。
（左1）男兵：常安社。（楊國安提供）

趙全英（左2）隻身搭機到臺灣。

歌，用歌聲娛樂阿兵哥，阿兵哥不識字，趙全英還要負責教他們認字並講漢話。

國雷演習　滇緬孤軍第二次撤退

民國 49 年，中共與緬甸動員數萬兵力，企圖一舉消滅游擊隊。隔年，緬甸在中共支援下，發現臺灣空運美援武器給滇緬部隊，因此再度向聯合國提出控訴，並在仰光引發一連數日的反美示威暴動。國府在美國壓力下，決議於民國 50 年 3 月自泰緬全面撤回雲南反共志願軍，並以「國雷演習」名義接運官兵、眷屬共 4,406 人來台。

趙全英隨「國雷專案」來台，她原是政工上尉，沒想到來到臺灣，卻被上級誤判「年齡太小，怎麼可能當上尉」，無異議降為准尉（趙當時 25 歲，卻被上級視為 20 歲），於是她報請退役；當時，政府對於報退的官兵，制定了 3 個疏處方案：一是真退役（請領一次性退俸），其二是假退役（領終身俸），其三是轉為「義民」，政府分配土地及房舍並輔導墾荒，計有南投霧社農場、高雄荖濃溪河川地和屏東隘寮溪河川等地，以後分別成立清境農場、高雄農場和屏東農場。趙全英選擇了「義民」方案。民國 50 年，她以准尉階級退伍轉化為「義民」，被安置在屏東里港信國新村，並加入高雄農場吉洋分場實施的墾荒行列。

吉洋分場依據各戶的人口數分配克難式的房舍及田地，雖名為田地，實際上卻是礫石遍野、草木不生的河床砂石地。與趙全英一起墾荒的這批「新移民」，在缺乏電力、水源的艱苦環境下，帶著配發的牛隻，不分晝夜努力開墾；徒手搬運石頭、清理砂礫、自他處運來良土，並在農場的技術指導下學習水稻及香蕉、甘蔗等農作物種植技術，試圖為土地和自己的生活梳理出全新面貌，用時光逐漸將不毛之地打磨成寧謐的家園。挨家挨戶門口用石頭堆砌起的圍牆，記錄著當年的艱辛歲月。

生活中的挑戰

趙全英分配到吉洋分場農地時，才知道這是一塊不毛之地；只見連綿的礫石和沙，不見一棵樹木可供蔭。飲水也沒有，要到1公里之外的外六寮去挑。這種情形完全不能與滇緬那種濃林密樹、雨水充沛、稻米隨種隨長的環境相比，義民們情緒大壞，但是，「既來之，則安之」趙全英冷靜下來，想想如何應付或善後。

「義民」初來時，他們本身和輔導單位都沒有想到要在此長住，總以為3、5年內就可以打回去，所以談不上有什麼長計畫。等到手頭金盡，才引起恐慌，為了生活，許多義民到附近做工，卻又遭到語言不通的障礙，趙全英靠著縫紉為生，幫助村裡的居民縫製衣物，「那時候大家生活很苦。我們開墾荒地，學習種水稻、黃豆、香蕉、甘蔗、玉米、地瓜，還養牛、養豬。我來臺灣什麼工作都做過。」

明太祖朱元璋曾因見一婦人餵豬而說「無豬不成家」，福州人也有「一豬二子三女婿四先生」一說，可見豬與人之間的親密關係，牠是財富的來源，也是溫暖、可靠的象徵。養豬人養豬的目的是為了累積財富，春天買頭小豬，到了秋天可以賣掉換錢，也可做成豬肉加工品，度過漫漫冬日。高雄農場吉洋分場向義民推展養豬事業時，趙全英已經成婚，當時她和先生陳訓民決定接受公家輔導，養幾頭豬貼補家用。趙全英手上養了4、5頭豬，她和先生每天悉心飼養，期待小豬快快長大，賣個好價錢。

養豬，的確也成了他們夫妻倆一陣子的副業。但趙全英主要的正業，來自於基督耶穌。

信仰耶穌

民國50年，趙全英剛來到臺灣，落腳信國新村，除了政府的補助，還

靠縫紉維生。這個時候，經朋友介紹，她認識了「信望愛兒童之家」創辦人王守信師母。王守信是浸信會傳道士的妻子，民國36年自大陸來台，起先在臺灣默默的佈道，走遍山地與平地各鄉鎮，民國43年在美濃定居後，常見貧苦兒童可憐無助，尤其棄嬰、孤兒更堪同情，於是開始收養。

民國50年，王師母帶著幾名孤兒遷居里港信國新村租借民房，並藉此向村民傳教。村人多為異域來的少數民族，不諳國語，王師母的上海口音也造成溝通困難，於是趙全英便成了王師母的「翻譯」。

他們在民房外搭建一個小草棚，王師母傳教，趙全英教識字班。後來，協助王師母與教會興建起禮拜堂，並成立「信望愛兒童之家」。

在這段時間，識字班發展成幼稚園，教導「兒童之家」的孤兒與村裡的孩童。趙全英也經過公家訓練，成為一名正式的幼稚園老師，進而成為「信國幼稚園」的園長。幼稚園從教會名下轉變為政府立案。

王守信告訴趙全英：「有信有望有愛，其中最大最要緊的就是愛。」透過王守信傳授的信仰與社區互助，趙全英逐漸克服生活上的困難，她自己也信仰了基督教，並靠著上帝的愛在當地進行各種社會服務與傳教工作，積極幫助周圍的人，甚至還獲選過「好人好事代表」。

當年雲南反共救國軍搭機回台的畫面。

趙全英在兩岸開放探親時，回到闊別40年的雲南老家，心情激動自不在話下，對於中共已變成世界大國，趙全英陳述了自己的見解，「哪個人能夠懷恨？懷恨又能怎麼樣？過去已經過去了，不能說讓過去重演一遍，再打一仗。我們也打不過他們，不如大家和平相處，不是更好。」

國雷人的安居地

寶島臺灣

從異域到異鄉——國雷人的安居地

文・施靜茹　圖・國雷協會、王蘭兮

民國 50 年，中華民國政府執行一項「國雷演習」，將 6 千多名「雲南反共救國軍」官兵和眷屬，從泰緬撤退來台；60 多年後，他們已屆遲暮之年，而當年跋涉荒山叢莽求生的點點滴滴，卻是未曾抹滅的記憶。

這批人來台後，於民國 81 年成立「國雷聯誼會」，只做情感聯繫之用，因為特殊的歷史背景，甚少接受外界採訪，直到《眷村雜誌》採訪團隊透過管道接觸到他們，才打開了神秘的面紗，成為「異域」的外一章。

雲南反共救國軍撤台　退伍後組國雷協會聚感情

說起「異域」，時間必須先拉回到民國 38 年末。國民政府駐在雲南的第 8 軍和第 26 軍與中國共產黨解放軍作戰失利，殘部撤至泰、緬、寮邊界，結合當地游擊隊合編為「雲南反共救國軍」，由李彌將軍任指揮官，至民國 40 年人數多達 1 萬 4 千人。

然緬甸政府於民國 42 年向聯合國控訴我國侵略緬甸，國府因此於民國 42 年 11 月至 43 年 9 月，將官兵分批撤台。惟仍有 5 千名官兵滯留在泰緬，因此於 43 年 9 月被國府重新授予「雲南人民反共志願軍」番號，總部設在緬甸江拉，指揮官為柳元麟，繼續在異域為反共復國作戰。

民國 47 年 8 月，台海發生金門「八二三砲戰」，雲南人民反共志願軍為策應台海砲戰，遂發動「安西計畫」，突擊雲南邊境西雙版納等地區以牽制共軍，後因共軍增援，我軍不敵，彈盡糧絕，而撤回緬甸山區基地。

民國 48 年，時任國安會副秘書長的蔣經國曾率國防部將領，深入該區視察，於民國 49 年指派特戰部隊夏超將軍支援游擊部隊，官兵士氣高昂，被中共及緬甸軍視為眼中釘，共組聯合部隊對我發動攻擊，緬甸也繼續向聯合國控訴。

上：（由右至左）國雷協會前理事長革安明、劉金明、李德富、張有才。
下：革安明前理事長（中）與他的好夥伴們。

李嘉信（右2）與同是雲南反共救國軍幼年兵的靈鷲山創辦人心道法師（中）。

國府在國際壓力下，由蔣經國和美軍駐台代表克雷恩主導下，各取名字之一，以「國雷」為名，自民國 50 年 3 月至 4 月，用「國雷演習」之名，由泰國清邁機場將官兵總人數約 2 千多人（不含眷屬）空運來台，分別安置於桃園龍潭的潛龍新村（後更名為干城五村），及南投清境農場、屏東里港、隘寮等地。

　　民國 81 年 3 月，由雲南反共救國軍前第 5 軍幹部聯誼活動時，決議成立聯誼組織，繼而在中壢忠貞新村成立「國雷聯誼會」，第一任會長由蔣少良將軍出任，會員曾高達 548 人，現仍活躍參與活動者約 160 人。歷經 8 任會長，直至民國 100 年向內政部正式立案為「中華民國國雷協會」，首屆理事長由普漢雲將軍接任，迄今已進入第 5 任。

國雷協會兩任理事長革安明　6 歲時隨部隊來台

　　曾歷任國雷協會第 3 及第 4 屆理事長的革安明，有著深邃輪廓和濃眉。民國 44 年在緬甸出生，6 歲時以眷屬身分隨國雷演習來台，父親是漢族，母親是傣族。對滇緬邊區生活記憶最深刻的是「逃難」二字，他聽母親說過，經常在升火做飯時，遇到老緬和老共來突襲，部隊就馬上掩護家眷撤離，過著有一餐沒一餐的日子。更因為沒有糧食補給，斷奶後就跟著大人們吃各種野菜，有糯米粑粑或辣椒拌飯，就是美味一餐。

劉金明扛不動槍　在深山看動物吃什麼就吃什麼

　　在龍潭，當年身為雲南反共救國軍的幼年兵，如今皆已是 8 旬老翁。國雷協會常務監事劉金明，雲南瀾滄人，今年 85 歲。當年他 14 歲，因為共產黨快打到他老家，村長協助送劉和其他少年到緬甸避難，「那時候大人在前面，我們小蘿蔔頭跟在後頭，槍都扛不起來，只能跑腿幫忙送子彈、送糧食。」

　　而解放軍從後面追擊，前方又擋著緬甸軍隊，進退維谷，劉金明就跟著

大家逃往深山，在山上看到什麼吃什麼，吃過芭蕉心和不知名的野菜，「大人告訴我們，只要看動物吃什麼不死，我們就可以吃，尤其是有長毛的和色澤鮮豔的菇蕈類都不能吃。」藉此解決最基本吃的需求。

「阿才哥」張有才父母被鬥爭清算　打共產黨吃糯米飯

前國雷協會副理事長、現任國雷協會常務監事的張有才，人稱「阿才哥」。84歲的他，是雲南瀾滄人，家有4姊1兄，父親是地主，共產黨推行「三面紅旗」與「生產大躍進」，家人將龍銀埋在土裡，種一棵樹來辨識。共產黨來了，將他父母吊在又長又高的竹竿上，逼問財物放在哪裡？張父就這樣子活活地掛死在竹竿上。

民國45年，張有才年僅15歲，見父母慘狀就趕緊和舅舅逃難到緬甸，看到游擊隊招兵買馬，對著張喊：「小鬼！去拿槍，我們去打共產黨！」他想都沒想，就跟著部隊走，「人家叫你往哪裡跑，你就跑，哪知道這一去就回不來了。」

張有才屬於第5軍，隨著部隊一到緬甸，就開始照表操練，由於糧米不足，只能吃當地種植的糯米，吃了不容易餓，部隊幾乎餐餐供應，卻因為不容易消化，讓他常鬧胃病。

當年，這支游擊隊看來似驍勇善戰，武器卻捉襟見肘，「槍不夠，我們就3個人共用一支槍，跟『老緬』（緬共）打，」但張有才屬幼年兵，槍支都比他身材高，大夥兒挖戰壕躲避緬共飛機空襲，常常砲彈一丟下來，戰壕就燒成一片火海。張有才就這樣跟著第5軍的段希文將軍，在滇緬邊界打了5年仗。

民國50年，張有才隨國雷演習來台，編入特戰第四總隊，4個總隊共約5千人，要受山訓、海訓、突擊訓、傘訓和野外求生，隨時準備反攻

民國50年雲南反共救國軍最後一批撤退來台。（國雷協會提供）

大陸，跳傘空降深入到敵後執行任務。

　　隨著反攻大陸計畫終止，58年張有才被改編到憲兵部隊，奉派到金門，那年中秋節，他獨自拎著一瓶高粱酒爬到碉堡頂端，獻酒遙祭雙親，並想念著雲南家鄉的過往，淚水狂洩不止。退伍後娶妻成家，有了賢惠的妻子和屬於自己的房子，身分證背面地址不再是「國防共同事業戶」，由於國雷協會的老戰友們經常聚集在他家把酒言歡憶當年，於是就順理成章地將協會會址設在他家。

李德富和同袍在山洞躲緬共飛機炸彈　擔任吹號兵

國雷協會前副理事長李德富今年 85 歲。70 年前，家人往來滇緬做生意，被共產黨扣上「資本主義者」帽子，共產黨工作隊到村莊抓年輕人，哥哥逃到緬甸，母親說：「他們下一個就抓你，你也快逃吧！」李德富姊夫曾逃到緬甸，後來被騙回來關在牢裡，死於勞改；李德富的母親也被鬥死。

李德富當時跑到佤族土司官（負責民防自衛隊與財政）的家暫時避難，土司官告訴他：「若想活下去，就去參加游擊隊。」從此他就再也回不了家了！民國 47 年，跟著柳元麟的部隊在江拉基地，看到緬共聯合中共用飛機來轟炸，士兵們就躲進山洞，待飛機炸彈打完飛走，再走出山洞。那時他擔任吹號兵，部隊的行動號令都由他「發號司令」，70 年後，起床、熄燈就寢、開飯、衝鋒等號音節奏，仍不時地迴盪在他的腦海中。

李嘉信上學返家　家人都不見了　變流浪兒進游擊隊

今年 84 歲的李嘉信曾擔任過「居台佤族聯誼會」會長，年幼時有一天他上學回家，發現家人都不見了，打聽得知父親被定為「資本家」而逃往緬甸，母親帶著妹妹不知去向，大伯被解放軍抓去關，年僅 8 歲的他變成了流浪兒。同村莊有 10 個小朋友和他一樣的遭遇，飯都沒得吃，只好一起躲到山上摘水果充飢，然後大夥逃去緬甸參加游擊隊。初任排長傳令兵，曾歷經猛因、萊東兩次戰役。少校軍階退伍後定居龍潭，每個星期四就會親自下廚做幾道家鄉菜，邀佤族同袍來小聚，他們都稱這一天為「佤族苩光日」。

這批少小離家且無家可歸的游擊隊員，從滇緬異域到異鄉（臺灣），生活了 60 餘載，異鄉早已紮實是他們的家了，如今皆已邁向垂暮之年，但他們奮力求生，歷經坎坷的故事，見證了一段可歌可泣的歷史。

上：本刊團隊訪問國雷協會成員合照。國雷協會現任理事長陳玉珍（前排右2）。
下：國雷協會會員阿才嫂所做的整桌道地雲南菜，香甜可口！

103

泰緬孤軍的後代

泰緬孤軍的後代 如今安在？

文・王蓓琳　圖・鍾蘭蓁、王蘭兮

始終沉默的阿邦，最終對法師以聽障者最大限度的嘶吼，吐出三個字：「我—想—死」。這是電影《富都青年》飾演馬來西亞難民阿邦的吳慷仁稱帝之作，最震憾又令人心碎的一場演出。然而在民國 83 年，劉小華的生命裡卻出現了數以百計的「阿邦」，他們是來自泰北孤軍的後代。

　　他們的父親為何會從反共救國軍變成泰緬孤軍？如今眾說紛紜。蔣中正到底有無下令撤回這批軍隊？之後又有無下達密令嚴守不退？出生雲南的段希文、李文煥所率領的反共救國軍皆死守雲南，到底是銜命還是抗命？

　　民國 57 年留在雲南的李、段兩軍，最終合併成「5735」（民國 57 年第 3 軍和第 5 軍）部隊。因為民國 56 年，緬甸海洛因毒梟，前泰軍總指揮昆沙，把整個撣邦北部和佤邦的生鴉片全部買光，斷了「5735」的謀生主力，他們只好被逼與昆沙作戰，結果兩敗俱傷。

　　蔣經國為了保存滇緬泰邊區的反共力量仍以雲南為基地，乃指示國防部情報局與之配合，但在地處偏遠又缺少薪餉（因為非正規軍）、補給、後勤以及最重要的醫療情況下，「5735」部隊就成了泰國傭兵。泰國軍方於民國 67 年開始分批為「5735」軍人辦理泰籍，但直至民國 73 年仍有 1,300 名軍人仍無泰籍，此種情況延續至第二代還是無法取得國籍，仍以「難民」視之，隨之而來的困境就是無法開戶、無法看病、無法念書、無法工作、無法居住……，唯一擁有的只有生活中的恐懼，一如電影裡的阿邦。

　　劉小華就是在此時空背景下，在臺灣認識了她第一位無國籍的泰緬華裔難民。

　　當年從軍職退役準備過退休生活的她，怎麼也想不到竟花了 16 年，從

左：民國70年代泰緬孤軍的孩子們，物質極為匱乏，但仍努力上學。

右四張：民國70年代泰北孤軍的孩子們在貧困的山區生活與就學。

照顧一位到最後增至 116 名，為這些來到臺灣的泰北學生爭取中華民國國籍。一路走來，宛如薛西弗斯的宿命，而爭取的這一切，竟也如挪威劇作家易卜生筆下的《玩偶家庭》（A Doll's House）中，妻子娜拉一生的覺醒過程：「我想盡一切努力，爭取成為人」。

　　曾任國安會諮詢委員的國立清華大學教授鍾堅，也是海軍眷村子弟的他解釋：當時滇緬孤軍後代想來臺灣，如果沒有身分都只能買（假）護照，有學生即便在臺灣念書，畢業後仍然無處可去，只能留在校園

「329青年節反毒運動大會」中，年輕學子穿著「向孤軍致敬」的制服，協助行政工作。

做雜物打黑工的勞力工作，薪餉請不出來時，都只能用校長室的零用金去發。

少校退役，亦是鍾堅教授擔任國安會諮詢委員時的辦公室主任彭錦珍研究員，接著補充：反共救國軍的第一代及其後代即便顛沛流離，但多數仍效忠他們心目中的國家：中華民國。父輩在艱困生活中用各自的方法傳承中華文化，也讓子女學華語，甚至來臺灣只圖過上好一點的生活。

左：泰北清萊美斯樂牌樓。
右：清華大學教授鍾堅（後排正中）訪問泰北美斯樂，在「淨心小學」的匾額「禮義廉恥」前與孩子們合照。
（鍾堅提供）

前國安會秘書長胡為真解說當年反共救國軍的分布情形。

但在民國 113 年的今天，生存在滇緬區的百餘所華文學校，與其說是學校，不如說是華文補習班。滇緬孤軍對中華民國臺灣仍有好感，但到了第三、四代努力學華文的目的，已經不是來臺灣，而是為了去中國。中國在統戰方面做得太厲害，去內地只要找到工作政府便立刻核發身分證，機會多出路也更寬，而我們臺灣的政府，過去不太管，現在更是不願管。

四、五年級生的共同回憶：送炭到泰北

劉小華回憶說：「在民國 83 年，當我第一次看到無國籍難民榮竹，拿出穿著軍服的父親照片，照片中她父親旁邊坐著一位軍官時，我非常震撼，因為這位軍官是我在軍中入伍訓練時的班副主任。」原來榮竹的父親是當年情報局在泰緬邊區吸收的工作人員。我們的政府是怎麼回事？怎可對他們的後代撒手不管？

在義憤填膺與人道主義的心情下，劉小華開始賣命奔走，為 116 位與榮竹一樣情況的泰緬無國籍後代，展開爭取國籍的漫長抵抗。

柏楊在民國 49 年於《自立晚報》連載《血戰異域 11 年：我來自中緬邊境游擊區》催生了小說《異域》（註 1）。民國 71 年，柏楊深度關切的游擊部隊，在李文煥、段希文帶領下，和民國 50 年李文煥、段希文帶著他們翻山越嶺落腳在崇山峻嶺時一樣，依然沒水、沒電，過著艱困的生活。他深以為憾，因此開啟了「送炭到泰北」活動。一時之間，救濟物資、《異域》電影的拍攝、〈美斯樂〉、〈亞細亞的孤兒〉歌曲在大街小巷流轉，賺人熱淚。讓人義憤填膺的滇緬孤軍與其後代的人權問題，也被當成了一回事。

然而被當成一回事，並不表示畫上了圓滿的句點。劉小華仍經過了漫長的 16 年，無數的陳情、奔走、官司、抗議、靜坐、絕食，才終

於在民國 88 年 5 月 21 日，政府頒布法令，保障了他們入境的合法身分；民國 98 年 1 月 3 日通過《入出國及移民法》第 16 條修正案，至此無國籍的泰北華裔難民軍人子弟，才正式取得臺灣的合法居留身分。（註 2）

事情至此就塵埃落定了？事實上截至今日，仍有未搭上落日條款末班車的孤軍後代，還是面臨困境，其中又以緬甸境內最多。這些被稱作「果敢族」的華人後代，仍被以「難民」視之，至今仍不具合法身分。

民國 112 年被迎靈回台的近千名反共救國軍英靈，其前提是必須有國防部任官、任命過的軍階、可查證頒授過功勳者才得入祀。在迎靈時，無論從泰北的文史館啓程，或者是到達台北大直忠烈祠，竟都下起傾盆大雨與密集的落雷，然而天地同悲的，又豈止是這些可考回家的英靈？更多橫死戰場的無名屍骨，無可考功績者，難道就無家可歸？

訪問至此，鍾堅教授不免感慨：因為有這麼多心向祖國的第 3、4 代，他在馬前總統主政時代，就曾提出向泰北子弟募兵，以功勳報國換取中華民國國籍構想，可快速彌補臺灣所缺兵源。如今再度政黨輪替執政，緬甸華人聚居的果敢區比之前更混亂、淒慘，毒品與詐騙、軍閥與內戰等情況，更甚於當年十倍，前述募兵構想當然就無法實施了。

今天臺灣的國際能見度、經濟水平和民主自由度都比柏楊發起「送炭到泰北」運動的民國 70 年，以及通過法案的民國 98 年進步太多，然而緬甸的華人後代之生存困境，卻反而比之前更為惡劣。物換星移、改朝換代，19 世紀的劇作《玩偶家庭》，文末娜拉覺醒，選擇離開婚姻追求她要的自由。21 世紀的緬甸果敢區華裔青年，即便選擇離開，但誰又能許他們一個自由的未來？

左：為泰北無辜的孩子們解決在台身分的劉小華女士。（劉小華提供）

右：劉小華帶著孤軍後裔奮戰 16 年。圖為民國 97 年 7 月 3 日，劉小華帶著泰緬孩子 400 餘人向立法院、行政院提起「還我國籍」訴求。民國 100 年在增修《移民法》第 16 條第 3、4、5 項通過後，泰緬孤軍後裔順利拿到中華民國身分證（劉小華提供）。

註1. 美斯樂「泰北義民文史館」籌建時，在大量蒐集當年戰史資料後，發現《異域》一書所記載的眞實度超過80%以上，爲此，救總「泰北工作團」團長龔承業先生曾經與劉小華去柏楊府上，要求在文史館上題字，柏楊題上：「他們戰死，便與草木同朽..........。」這是他在《異域》這本書的感慨，至此，泰北人士對該書內容也不再有異議。

　　註2. 劉小華努力的16年，是分成三階段完成：第一階段是僑委會專案解決116位泰北學生；第二階段是《入出國及移民法》中的第十六條第二項，解決泰、緬、印尼無國籍人的居留問題；第三階段是增修移民法第十六條第三、四、五項，以解決泰緬孤軍後裔在台定居問題。在《入出國及移民法》修正案通過後，在臺灣的無國籍人，包括印尼及西藏藏胞，獲得國籍可以在臺灣定居的，應該有數千人（民國88年時的印尼配偶就有3,000多人的居留獲得解決）。

雲南
節慶
在
龍岡

雲南節慶在龍岡

文‧李紹偉　圖‧李紹偉、楊惠娥

國旗屋前人山人海，大家一同歡慶雲南的節日。

龍岡的潑水節、米干節盛況。

龍岡潑水節美麗的打歌隊隊伍。

民國 42 年前後，陸續從泰緬地區撤台的雲南反共救國軍所安居的主要地方是桃園。不論是平鎮區的忠貞新村、龍潭區的干城五村，其軍眷多屬雲南籍，就連桃園大溪區軍情局的軍眷舍，軍眷也以雲南籍居多，中壢區龍東路上的「龍岡清真寺」，亦為雲南籍回族軍眷報請中國回教協會募資興建。所以，桃園應是全台雲南人定居最多的縣市。

民國 92 年起，前述眷村開始拆除，眷戶被迫遷往別處，眼看著專屬雲南人的眷村即將慢慢消失，我正好任職於桃園縣政府文化局，在舉辦眷村文化節時，乃向文化局長建議，民國 94 年的眷村文化節以桃園雲南人的眷村文化為主題。

「異域故事館」創辦人王根深（右1）與雲南鄉親參加米干節遊街，圖中男士是桃園市長張善政。

民國 100 年，我擔任桃園縣政府觀光行銷局長，當時基於要搶救雲南美食在桃園的優勢不致消失，以及「眷村雖然拆遷了，美食與文化應予保留」的心境，籌措到區區 45 萬元預算，推出第一屆「龍岡米干節」。

　　「龍岡米干節」從籌備到舉辦僅一個多月，但我要求活動只許成功不許失敗。那次的米干節，活動場地是在中壢龍東路旁的龍岡國中校門口。限於場地，現場設攤的只有「阿美米干」、「雲泰館」、「國旗屋」3 家業者，其他十餘家協力店，是以印製美食地圖標出店家位置的方式，導引遊客直接到店內消費。

　　活動當天，整個龍東路一大清早就大塞車，我內心慶幸「我們成功了」。果然，當天各店家都客滿，營業額是例假日的好幾倍。

　　第二屆米干節，我們的經費提升到 1 百萬元，活動規劃成 2 天加 1 場晚會，並把晚會辦成一場具有雲南特色的打歌同樂歡慶晚會。「國旗屋」的張老旺大哥號召同好打歌同樂；「根深企業」的王根深董事長也支持晚會要有雲南特色。

雲南人的新生代。

第二屆米干節，白天的活動除了號召 20 多家店到活動現場設攤之外，我們也設置了靜態的文化展，包括雲南服飾、圖片、眷村故事、異域國軍故事圖文等展示，以及米干製作示範教學等。

　　第三屆米干節，我們以 2 百萬元經費把活動擴大為 2 個假日共 4 天的活動，第 1 個周六日以潑水節為主題；第 2 個周六日以火把節為主題。由於活動經費充裕，晚會活動除了打歌、舞蹈之外，還增加了大陸民族音樂歌手的演唱。此外，我們特別設計了「摩斯密碼傳情」的網路遊戲，除了吸引媒體報導軍事情報局當年在大陸的工作，如何在泰緬地區蒐集和傳遞情

民國103年的米干節以3,000碗米干，排成296.2公尺長度破金氏世界紀錄。

報，現場並展出情報員們當年使用的各種情報蒐集工具和電報發報機。現場擺放的電報發報機，由曾經擔任過軍情局情報員的雲南老鄉，教導遊客用「摩斯密碼」發出愛情密碼，讓現場參觀的遊客滿足了對「007情報員」的好奇心。

第四屆米干節，我們設計了挑戰金氏世界紀錄的活動，集結所有店家力量，將各店家的米干結合在一起，擺出米干長龍，除了打破金氏世界紀錄，也象徵米干店家長久以來的攜手合作、相互扶持的意義。

最長的麵食長龍，原本由日本的 2,345 碗打破英國的 1,288 碗，締造世界紀錄保持者。民國 103 年 4 月 10 日的米干節記者會上，我們以 3,000 碗米干、總長度 296.2 公尺的長度，一舉打破了由日本保持的世界紀錄，為桃園市和雲南人增添了榮耀的一頁。

回顧桃園的米干節，有幾件事值得一提：

第一，因為米干節活動的舉辦，我們把幾將沒落的龍岡米干店家，從原本沒落到不及 20 家的數量，爆增到 40 幾家，而且，每一家的營業額都遠遠超過其他飲食店家。

第二，米干節促成了「雲南民俗打歌協會」的正式成軍。雲南打歌隊因成員老化而慢慢沒落，我們舉辦第三屆米干節時，促成了年輕一代的雲南子弟再度成立打歌協會，成員超過 100 人，他們在米干節期間，成了活動的主角。

第三，桃園的米干節不僅成為桃園的文化特色活動，也成為全台雲南人一年一度聚會的盛會，進而喚起了南投清境農場、屏東里港信國社區的雲南人，開始文化傳承意識，促使他們也舉辦具雲南特色的文化慶典活動，3 個地區

舉活動時，還會相互支援與交流。

第四，促成了「雲南文化公園」的建闢。此公園即是忠貞新村時的籃球場，眷村拆除後，被劃定為都市計畫內公園用地，由於產權屬於國防部，地方政府要開闢時，需以有償撥用方式取得土地。礙於撥用經費高達4億多元，當時的平鎮市公所根本無法支應該筆巨額土地經費，致公園一直無法開闢。

我們舉辦米干節時，購買到原忠貞新村土地的遠雄建設公司，正準備蓋大樓，我請託遠雄董事長趙藤雄替全台的雲南人保留一個「根」，協助出資興建公園。趙董事長慨然同意捐資，再由縣政府和市公所行文，向國防部取得同意開發和代管程序後，第三屆米干節舉辦時，我們得以順利在新闢的公園內舉辦，全台唯一的「雲南文化公園」也得以在曾經是雲南人居住的「忠貞新村」籃球場舊址重生！（作者祖籍為雲南省臨蒼市鎮康縣，緬甸臘戍果文中學初中、台北市立建國中學、國立政治大學外交系畢業。曾任中央日報記者、特派員，桃園縣政府文化局秘書、副局長、觀光行銷局長、旅遊局長及桃園縣政府副秘書長，現職桃園市政府顧問）

2024年龍岡米干節海報。

與父親的青春相遇

與父親的青春相遇

在滇緬金三角

文／圖・李俊賢

出生成長在眷村的我,除經常聽到父親提起的廣西老家往事之外,「邊區」、「滇緬游擊隊」、「特種部隊」、「金三角」、「湄公河」等等這些帶有神秘色彩的名詞,居然成為我童年記憶裡零零碎碎一知半解的元素,長大後,熟悉又陌生的遠方似乎隱隱約約呼喚著我⋯⋯。

能存活都是幸運和驕傲

　　無論有名無名,英雄或只是為了活下去的掙扎生命,都足以讓我們肅然起敬。

作者父親(戴墨鏡者)與同袍及緬甸小和尚在湄公河畔。

在風雨飄搖、躁動不安的年代，當時還是二十郎當的父執輩們，常把生死置之度外，一心就想報效國家反攻大陸，更想返鄉見爹娘。從父親受訓、部隊調動、參與任務，洋洋灑灑的軌跡記錄，都成為當時心路歷程的最佳佐證。

　　民國 38 年初秋，父親志願參加國防部第六突擊總隊，準備前往大陸執行敵後工作，後因情勢轉變，派往陸總通信隊、通信第二兵群無線作業營。接著幾年陸續參加「通校技訓班」、「步校通官班」、「步校初級班」、「國防部特幹班」、「隨營補習」等訓練，並通過「留美兩棲作戰班」初試。

　　民國 47 年派往位於龍潭的情報局三一班，學習情報蒐集、敵後生存、戰地政務發展，並完成基本傘訓，以配合爾後空投大陸任務。因任務涉及空投地點的方言需求，廣西籍的父親則分發特種部隊第三總隊第二大隊任通信官。

　　我的求學成長工作過程中，遇到廣西同鄉的機率極低，根據民國 45 年《中華民國戶口普查報告書》顯示，廣西籍只占外省人的 1.25%（11,620 人，該調查不含未設籍的軍事人口約 30 萬人），但在成功新村、五守新村卻有不少父親同袍是老鄉，後來才理解，這奇妙的巧合並不是巧合，其實是部隊任務需求使然，到兩廣地區空投跳傘的軍人當然要派廣東與廣西人啊！他們說著一樣的家鄉話，可能上同一架飛機，準備縱身跳傘飄墜向一樣的未知與恐懼。

　　出任務前的山地訓練是家常便飯，每年一次的大訓練更是一場硬仗，有時從大溪入山，經宜蘭、花蓮、台東知本，到屏東山地門結束，全程步行 40 多天，不帶食物，只有火柴、鹽巴，一路就地取材，貨真價實的野外求生。父親在回憶錄寫道：「其艱辛非筆墨能形容」、「為達到訓練之要求，只有咬緊牙關，俾便有朝一日能負起敵後工作之使命。」

金三角美斯樂是一個「異鄉變家鄉」的故事。

段希文將軍墓與孤軍後代的志願守墓人。

可能有去無回的邊區任務

民國 48 年 7 月父親接到「和風案」公文通知，前往情報局特種作戰司令部報到，少將參謀長郎世忠徵詢派往泰緬出任務的意願，父親回答「身為軍人，沒有選擇之餘地和個人之自由，不管什麼指示，只有服從命令，誓死達成任務。」（「和風計畫」目標是派特種部隊訓練滇緬泰游擊隊「雲南人民反共志願軍」，希望從滇緬邊界滲透大陸，擴展敵後工作，未來裡應外合，協助正規軍作戰。「和風計畫」共三期，先後運送了 1,250 位特種部隊人員。）

隨後出任務人員集中在與外界隔離的營區，各種模擬訓練輪番上陣，意味著行動的日子不遠了。父親一則以喜，終於有機會殺敵報國；一則以憂，即將與熱戀中的女友（後來的妻子，我的母親）分離，不知何時再相見？相見時難別亦難啊！

在真真假假的反覆演習行動裡，「一聲令下緊急集合，在黑暗中摸索著衣整裝，魚貫走向密封的卡車，誰都不知道去哪裡。」某次在屏東機場登上老母機（C-119 雙螺旋槳運輸機），震耳欲聾的引擎聲中，在無邊無際的黑夜裡飛行大約 1 小時就著陸了，機艙打開才發現又回到屏東機場，原來只是另一個身心疲憊的折騰夜。

直到民國 49 年 7 月 27 日深夜，真的要出發了，父親搭上空軍三八三一部隊（特種作戰組）駕駛的 C-46 運輸機，這是執行「和風計畫」第一號行動 24 架次其中的一架，飛行十餘小時後在 7 月 28 日下午終於抵達緬甸大興碼頭（家父稱為孟不了 MongPa-liao 機場，亦有其他說法：孟帕遼、孟伯了、孟伯寮、孟八遼、蒙白了）。這是用鋤頭、鐵鏟築成的山區手工機場，跑道僅有 1,500 公尺，起降都有高風險，稍有不慎，不是撞山就是滑進湄公河。

7月30日寫了第一封報平安信件，為避免機密外洩，巧妙用字，頗有情報電影的情節：「琴，28日下午已安抵朋友家裡，希勿牽掛，此地親友熱誠款待」。此信經士林郵政二號信箱9月13日轉信，也就是先經過情報局檢查信件，沒有問題方能轉到母親手上，郵寄歷時一個半月。如同杜甫所言「烽火連三月，家書抵萬金」，真是何其珍貴啊！

邊區生活鬆緊參半

局外人的想像，常與事實有極大落差。我以為家父在邊區一定時時刻刻風聲鶴唳、草木皆兵，隨時都有戰事興起，但其實不盡然如此。有時就像跑去山地村落旅行，欣賞與世無爭的自然風景、觀察水擺夷和阿卡等少數民族奇風異俗。例如他在回憶錄寫道：

一、抵達吳衛民部隊總部江拉基地當晚，段希文將軍主持了歡迎晚會，游擊隊有南腔北調的各種表演，特種部隊不遑多讓，相聲、歌唱、短劇輪番上場，家父還獨唱了《我的家在山的那一邊》。

二、軍人與老百姓，不分男女，每日午後三點多同在湄公河支流洗澡，剛開始家父會不好意思，後來就處之泰然。

三、當地孕婦臨盆之際，自行到河邊待產，嬰兒生出就用河水洗淨，無畏驚風、破傷風，不必坐月子，照常工作持家。

四、當地只能耕種糯米，插秧後不除草，不是懶惰，而是地質過度肥沃，要讓雜草吸收一些養分，稻穀才能豐收。

五、當地有不少閒置的孔明帽式茅草屋，原因是當擺夷族有家人過世，就埋在屋架之下，全家他遷另築新屋。空屋即擺夷先人的墳墓。

話雖如此，游擊戰是沒有前後方之分，緬共經常化整為零侵入防線騷擾。而家父負責與臺灣運補飛機聯絡起降事宜，當地氣象、地面情況、緬共動態都需即時掌握，事關部隊運作安全、國家戰略部署，精神壓力可想而知。他寫道：「記得有一天下午，蔣經國先生、賴名湯總長、易瑾特戰

民國50年6月，蔣中正總統視察特種部隊屏東演習，與美方傘兵顧問合影。（取材自國史館）

司令及隨行人員，所乘飛機剛著陸，緬共三架轟炸機突然臨空，擲下三枚飛彈（編按：應是炸彈），而彈著點巧在飛機正前方及左側空地，幸虧沒有任何損失，否則真不堪設想，我也吃不完兜著走。」

複雜的國際情勢與計畫

在積極準備反攻大陸期間，各種計畫與行動不勝枚舉，如大型的「國光計畫」，與特種部隊有關的「武漢計畫」、「崑崙計畫」、「安西計畫」、「興華計畫」、「和風計畫」、「旋風計畫」、「海威行動」、「天馬計畫」、「野龍計畫」等。

民國 50 年 3 月初，據說緬共在山區拾獲我方一部美軍通信器材野戰手搖電話 EE8，一狀告到聯合國，抗議美軍支持游擊部隊在緬甸活動的入侵行為。為避免衍生國際事件，特種部隊及部分游擊隊受命離開緬境，不料還沒來得及撤離，緬共與中共聯手進攻，家父千鈞一髮倉皇渡河逃離。

父親常講這一段撤守情節。他說滇緬邊區特種部隊長官夏超曾下令，沒有他的命令，電台人員不得撤離。當緬共已經貼近攻擊，兵荒馬亂之際，夏超經過電台驚見父親，大罵為什麼還留在這兒，父親無奈回覆沒有長官指令不敢輕舉妄動，夏超可能覺得自己理虧，命令父親立刻撤退。父親急忙跳上附近竹筏往河對岸寮國前進，緊咬不放的追兵在岸邊開槍掃射，只聽見子彈咻咻聲在耳邊狂飛亂竄，有些同袍不幸中彈落河，父親則幸運逃過一劫。

我覺得人生有太多關鍵性的轉折點，如果當時夏超沒發現死守電台的父親，他可能就會真的「死」守電台了。抑或，渡河時，耳邊的子彈再偏移毫釐，中彈落河的人可能就是父親了。這段撤退行動名為「保山計畫」。

過河後，部隊化整為零，5 人為一小組穿越叢林前往集結點集合，不分

131

畫夜在山區急行軍,深怕錯過集結時間。誰料到,家父半途罹患瘧疾,忽冷忽熱、動彈不得,幸得素不相識的山寨苗族伸出援手安置款待,稍稍復原後再度登上逃亡之路。不知為何,寮國後來同意協助離境,父親同行小組轉搭船沿湄公河經永告進入泰國,上岸時被卸除全部武裝,改搭汽車前往清邁,抵達數日後,再前往清萊搭 C-119 運輸機回台。

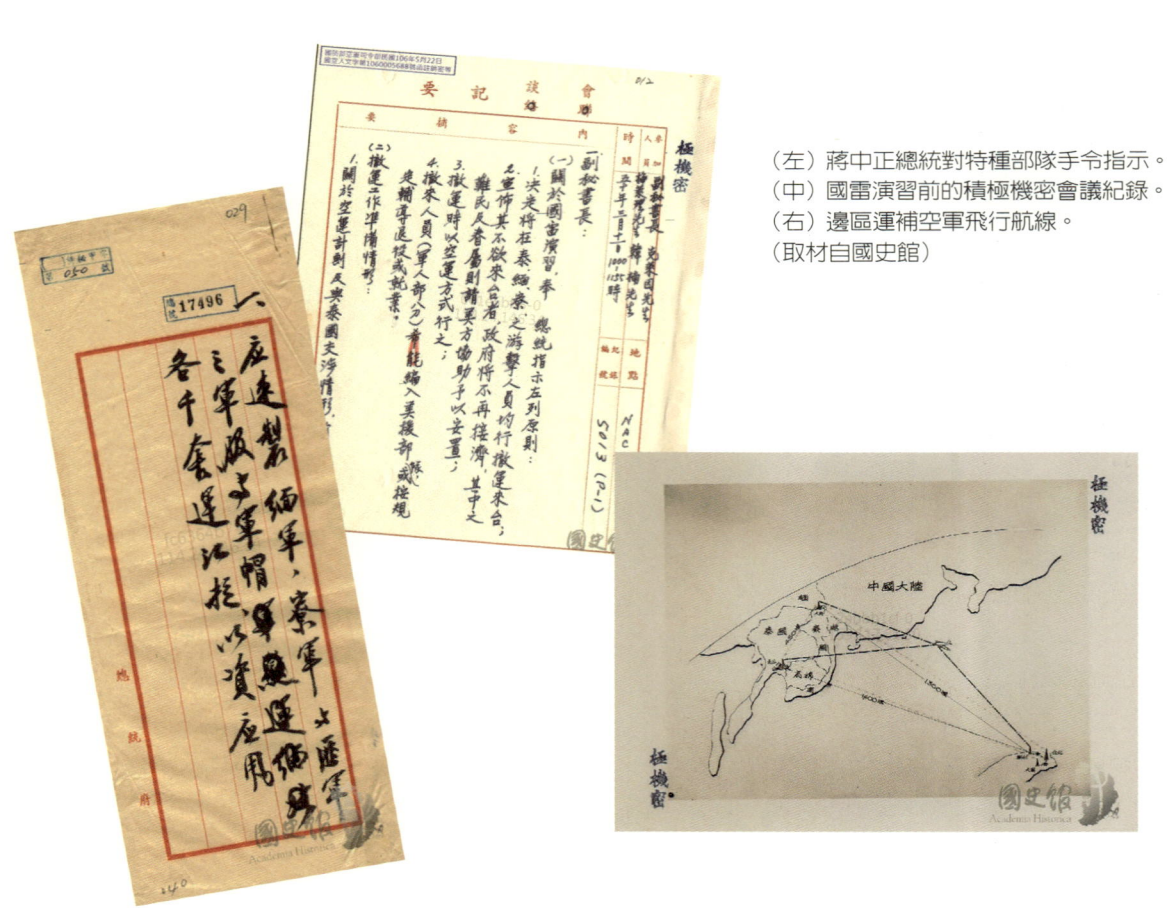

(左)蔣中正總統對特種部隊手令指示。
(中)國雷演習前的積極機密會議紀錄。
(右)邊區運補空軍飛行航線。
(取材自國史館)

整個撤軍代號稱為「國雷演習」，除派出的特種部隊回台，也是邊區游擊隊及眷屬第二次撤台，數量約 4 千多人。「國雷」兩字取自撤軍主事者蔣經「國」、CIA 駐台辦事處主任克「雷」恩。而空軍在民國 50 年 3 月 17 日到 4 月 13 日之間，出動 C-46、C-119 多架次載運，稱為「旋風計畫」。而家父是 3 月 25 日深夜從泰國清萊起飛，經香港 26 日飛抵台中，在成功嶺安置觀察 3 個月不得外出。撤回的特種部隊與游擊隊，組成了後來新成立的特種部隊第四作戰總隊。

父親到台中立即寫信給女友：「歸期匆匆，而未及時寫信或打電報給妳。琴，你也許意想不到異域的我，在這個時候重回到妳的懷抱，與闊別了八個月的祖國吧！」人生境遇何其難料，死裡逃生後的重逢，會是如何的激動呢！

青春歲月泰北行

民國 113 年 9 月，相距父親到邊區出任務超過一甲子，我正好有機會參與「台灣樂斯屬文史扎根育成協會」，到泰北華文學校分享「職涯經驗」，擴展孩子們對未來職業選擇的想像。經過泰緬邊界的美賽 Mae Sai，距離緬甸江拉基地只有 102 公里；在泰緬寮交界的金三角，我望著滾滾黃水的湄公河，彷彿看到父親在脆弱擺渡竹筏上的九死一生；在美斯樂山區看見游擊隊第五軍留駐異鄉在夾縫中求生存，用生命換得建立家園、延續後代；在段希文將軍墓前，想像他聆聽父親唱著「我的家在山的那一邊」。

重返戰地，往事變得如此立體清晰！不少曾到邊區出任務的長輩，目前居住在成功新村、五守新村、干城五村，或是埔心、龍潭一帶，希望能有更多塵封故事出土，來向長輩們致敬！（作者為眷村二代、影像記錄創作人、臺灣藝術大學攝影課程兼任講師）

後記：感謝軍史專家傅鏡平先生提供「空軍三八三一部隊」相關資訊。

在台灣的歲月印記

滇緬幼年兵馬有福的故事

活著，就是一種勝利！

文・張夢瑞　圖・王蘭兮、謝小韞

守著農場的馬有福先生。

在歷史的長河中，總有一些塵封的篇章，等待著被溫柔地拂去歲月的塵埃，重新展現在世人面前。

黃口小兒馬有福 10 歲在「異域」參戰

民國 47 年，馬有福踏入泰緬邊境參戰時，還是個剛滿 10 歲毛羽未豐的黃口小兒。他稚嫩的雙手緊握比他還高出一個頭的刀槍，在硝煙瀰漫，殺聲震天裡，跟著部隊衝鋒陷陣、無畏生死。歲月如流，平生幾何？回首當年，他不知自己算是英雄，還是被犧牲的棋子。

馬有福的故鄉是雲南。民國 47 年以前，那裡還是名為「南橋西定鄉舊賽寨」，如今已是西雙版納的孟州孟海一帶。他的童年記憶與「土地改革」和「人民公社」緊密相連。由於馬家被共產黨劃為地主，父親為躲避中共清算鬥爭，逃離家鄉，輾轉到緬甸，加入國民黨從雲南撤退過來的第 26 軍（後來轉型成一支相當規模的「雲南人民救國軍」，正式的番號叫「雲南省游擊軍」）。

民國 38 年，國共內戰的烽火仍未完全熄滅，雲南人民反共救國軍為了那份堅定的信念，轉入地勢險峻的滇緬邊境，在異域的土地上，他們懷抱著反攻的希望，掙扎求存。

烽火歲月顛沛流離 從雲南逃到緬甸

留在雲南的馬有福與母親、妹妹，經歷人民公社時期的集體勞動與飢餓，即使年僅 8 歲，馬有福仍須每天參加生產大隊與老弱婦孺一起工作。他回憶當年那段悲慘歲月說，「一天只有兩頓飯菜湯煮在一起的大鍋飯，早上天剛剛亮吃一餐，吃完馬上就到壩子裡去工作，還沒走到壩子肚子就餓了，中午沒有飯吃，到下午太陽下山回來，天黑以前吃一餐……肚子餓得咕咕叫，飢火燒腸，實在難受，只能抓把黃土、草根、樹皮來充飢。」

由於不堪共軍壓迫，一家人跟著母親、叔母、表姐大小 30 餘人，摸黑逃向滇緬邊區。也不知走了幾天幾夜，到了滇緬交界湄公河江邊，正準備渡河，突然四周響起槍聲，嚇得大家驚慌失措，「當時只要是單身的或僅背一個孩子的，想都不想，奮不顧身的跳到河裡，往緬甸逃亡。」馬有福等大部分同行的人，無處可逃，只得束手就擒，最後全部被遣返雲南關入牢房。

　　逃至緬甸的父親，得知消息後，冒著生命危險回到雲南，在險象環生下，將母子從暗無天日的人民公社帶到緬甸。為了生存，馬有福最後只有跟著部隊走。小小年紀端起了刺刀比他還高一個頭的 79 槍，在緬甸孟卯接受入伍訓練。讓人意想不到的是，居然有 100 多個像他一樣年紀大小的孩子，也被編在入伍訓練行列裡。這些孩子大多數是抓來的，最小的只有 8 歲。

屏東信國社區文物館裡面展示雲南反共救國軍的照片，並有定時的導覽。

　　滇緬邊區幼年兵人數共有上百人，但種族不少，計有：傣族、景頗族、哈尼族、佤族、拉祜族、彝族、布郎族、傈僳族、漢族等 9 族，各有各的語言、文化和風俗習性，其中漢族最少，是滇緬幼年兵裡的少數族群。

　　部隊生活很苦，居無定所，今天這邊住一住，不適合了，又搬到另一個地方，住不到幾天，又要遷到別的地方。緬甸邊境十分混亂，有政府軍、少數民族軍團、國民黨孤軍、中共解放軍，再加上土匪，隨時準備駁火。「幼

138

信國社區文史館大門對聯：「回首異域滇緬邊區共甘苦，返台解甲荖濃溪畔齊高歌」。橫批：「一路走來始終如一」。

國雷幼年兵官階最高的普漢雲將軍。

國雷幼年兵徐家華先生。

國雷幼年兵鍾建華會長。

國雷幼年兵李光華先生。

年兵」不僅要面對隨時狙擊的緬軍、共軍，還要與當地的部落族勢力抗衡。馬有福說，「緬軍要打你，共軍也要打你啊，還有民工、地方部落也要打你，你打不過他，你就會死，你要生存，就要跟他們打！」兵連禍結已成為緬甸人的日常生活，恐懼籠罩著每個角落，緬府無心也無力進行任何教育或社會建設，蜂擁而至的各路人馬只把兩樣東西放在心上：毒品與軍火。

民國 48 年底，國民聯軍出動上萬人的部隊，攻佔雲南的 2 個縣，取得重要情報後立即回金三角。這個優異的戰果，埋下日後緬軍、共軍、國民聯軍三方大戰的導火線。民國 49 年，緬甸與中共簽定「中緬友好互不侵犯條約」，隨即雙方動員數萬兵力，企圖一舉消滅游擊隊。

民國 50 年 1 月 3 日，5 萬 8 千名中共解放軍在滇緬邊界結集，配合 1 萬 2 千名緬軍的作戰準備，聯合夾擊國民聯軍。中共派遣一支 2 萬人的先鋒部隊進入緬甸，對聯軍展開正面攻擊，雙方纏鬥 3 個月後，因眾寡懸殊，國民聯軍敗下陣來，志願軍第 1、2、4 軍轉進寮國，第 3、5 軍轉進泰北。

之後緬甸二度向聯合國控訴。中華民國政府在美國壓力下，決議以「國雷演習」名義撤軍。民國 50 年 3 月 17 日至 4 月 30 日，接運官兵、眷屬及義民共 4,406 人來台。政府隨後於 5 月 15 日撤銷游擊隊番號，「雲南人民反共志願軍」從此走入歷史。

落地生根的奮鬥 在寶島開枝散葉

戰場上的夥伴，年紀大都與他相仿，然而每個幼年兵的眼裡，都帶著超乎年齡的滄桑，沒有人談論家鄉，因為那是遙不可及的

夢，但馬有福仍會在夜深時偷偷幻想：如果有一天，能夠脫下這染血的軍服，回到家門前，母親會不會站在那裡，張開雙臂，像過去那樣，輕輕喚他的小名？他想家，想父母，他告訴自己，也許有一天，他還能見到母親的笑容，聽見父親低沉而溫暖的聲音。心中始終念想，「只要活著，就有希望。」所幸部隊撤退至寮國，他竟意外地與父親在他鄉重逢，之後又在泰國與母親弟妹相會。

回到臺灣，幼年兵被安置在特種部隊第 4 總隊下編入幼年兵中隊，稱為「國雷幼年兵」。國雷幼年兵共有 169 人，全部集中在台中潭子新田營區，之後插班台中新興國小就讀。要將 169 人編入各年級，著實是件棘手的事情，這些孩子中有些連自己生日都不知道，誰念 3 年級？誰讀 5 年級？迫不得已只得照「身高的高矮」來分配。在「有學校讀總是比較好」的考量下，將這些還是孩子的幼年兵分配到 30 多個班級。這種以孩子當時身高來決定年級高低的方式，日後被引為笑談。

一年後，幼年兵中隊隨部隊調到桃園龍潭，學生轉到員樹林國小就讀，孩子中有 20 餘人當時被選為總統府侍衛，其他孩子後來就讀關西中學、龍潭農校、龍岡士校，依志願向軍中或社會發展，其中成績優異者包括：晉升將官的普漢雲、靈鷲山開山鼻祖心道法師，及當選民國 69 年國軍英雄楷模的李正銘等人。

回台後，馬有福一家被安置在屏東里港信國新村，並加入高雄農場吉洋分場實施的墾荒行列。馬有福則被編入特種作戰部隊「第 4 總隊幼年兵中隊」，就讀桃園員樹林及新竹關西中學，每年寒暑假都要回部隊接受特種訓練。13 歲那年，他就完成高空跳傘及海上百里游泳訓練。初中畢業，保送陸軍第二士校，之後報考陸軍官校專修班，2 年後，以步兵科第一名成績畢業後留在陸官任職，歷經排長、連長、教官等職。民國 79 年 1 日退伍，結束 32 年的軍旅生涯。

國雷幼年兵的人物介紹：
第2排左3是馬有福先生。
（國雷協會提供）

國雷幼年兵人物介紹

左起
鍾建華
張志邦
馬有福

右起
李光明
賀希仁
何開林
李光興

黃金偉　普漢雲　　　　周詠基　　　　李光華
　　　　　龍俊山　徐家華

活著，就是一種勝利

「國雷演習」距今已逾一甲子，當年幼年從戎的娃娃兵，如今已是滿身風霜。馬有福在父親過世後，皈依佛門，開始吃齋唸佛。他明瞭人生無常，來也空，去也空，一切隨緣，「我撿回了一條命，但也失去不少。」他不知道這條路是否值得，但至少，他活了下來，見證了這段歷史。「我只能告訴自己，無論如何，活著，就是一種勝利！」

從幼年兵到心靈導師

心道法師少年照。

靈鷲山 心道法師 的故事
從幼年兵到心靈導師

文‧張夢瑞　圖‧靈鷲山佛教教團提供、王蘭兮、謝小韞

他，曾是烽火戰亂中與親人離散、顛沛流離的孤雛；而今，卻成為引領人們身心安頓、找回覺性的重要靈性導師—靈鷲山開山住持心道法師。從一人苦行的孤寂旅程，走出了萬人共修的大道；他不僅致力於推動生命和平與倡議生態永續，更以慈悲慧眼，照亮無數迷途心靈的歸途。

故事從 1948 年（民國 37 年）說起

1948 年 1 月 4 日，緬甸正式擺脫大英帝國一甲子的殖民，老百姓使勁卸下被外族統治的恥辱，但緬府已經沒有力氣重建往日的盛世，國家更沒有因此稍稍富裕起來，緬人慶祝獨立的激情，隨那短暫的煙火消散無蹤，緊接其後的是難以平定的少數民族武裝衝突，以及政黨輪替……。「貧脊」，足以形容所有的景物。

位在臘戍省賴島珊區的賴坎村就是一座典型的窮村落，在滇緬邊界毫不起眼地蹲著，彷彿在等什麼。1948 年的農曆 9 月，賴坎村以務農為本的楊家，誕生一位男嬰，取名楊小生。阿生在困苦的環境中幸福地長大，父母親和姑母一家都很疼他。

幸福的日子很短。阿生 4 歲那年，父親跟一夥緬共發生衝突，單槍匹馬的他遭到十幾個緬共報復，幾下刀光劍影，就被制伏了。村民們都知道楊父被殺害的地點，可是大家更怕緬共，以致無人敢替楊家收屍，接著阿生又詭異的失母。那天晚上，母親抱著襁褓中的妹妹，悄悄走到阿生床前，為他掖了掖被子，俯身向半睡半醒的孩子凝視著，沒有親他，也沒有一句叮嚀他的話，只留下一段永遠難以真相大白的苦衷，隨即抱起妹妹頭也不回的走出家門，從此沒有任何消息。

父母相繼離開他，原本居住的茅屋跟著塌了下來，埋掉他童年最美好的記憶，甚至埋掉母親的名字。這個無法彌補的遺憾，永遠懸掛在阿生的心頭，對他的影響是入骨的，所以，他終生從不離棄任何人，尤其是那些心靈上倚

心道法師於無生道場開山聖殿聖石旁禪坐。（靈鷲山佛教教團提供）

心道法師在緬甸受戒後，自此改穿緬甸的赭紅色袈裟。（翻拍自《靈鷲山外山——心道法師傳》，遠流出版公司發行，2013年）

就讀第一士校期間的阿生（前排居中）。翻拍自《靈鷲山外山——心道法師傳》，遠流出版公司發行，2013年。

靠他的人。

險峻大環境伸向阿生

緬甸自 1948 年獨立以來，各地區的軍事叛亂紛起。先是緬府敉平緬共之亂，將他們逼退到東北部撣邦山區，接著，占據賁脊丘陵地區的少數民族，為了抗衡緬族在政治上的優勢，也產生反政府的行動。另外，從雲南撤退過來的第 26 師，後來轉型成雲南反共救國軍（即俗稱的泰緬孤軍），主管滇黔反攻任務，大軍駐守在金三角一帶，與緬軍多次發生擦槍走火事件。

1957 年，險峻大環境終於向阿生伸出觸角。這一年他 9 歲，卻從來沒有受過教育。在這蠻荒的亂世，讀書是一件太奢侈的事。有一天，姑父家來了一個相識的軍官，對方問他想不想讀書。「讀書」二字像暗夜裡的煙火，難以置信地燃放起來，徹底照亮他內心深處的求知欲，沒有比這更狡猾更誘人的詢問了，把「戰爭」和「死亡」隱匿在想像的藍圖裡，「讀書」竟成了美化軍旅歲月的雲煙。如此半哄半騙，把年少無知的楊小生拐走。

到了集合地點他才發現，被拐騙來讀書的孩子共有 100 多人，年紀都不相上下。大夥兒從賴島珊起程，一路翻山越嶺，從上緬甸走到下緬甸，不僅路途遙遠，而且全是 1,500 公尺到 2,500 公尺的高山，山谷與河谷之間的海拔變化極大，巨大的溫差考驗著孩子們瘦弱的身體。此外，又得注意隨時狙擊的緬軍，以及隱藏在草叢裡的殺人族、毒蛇與猛獸，其中最可怕的是山豬和老虎。入夜後，大夥兒就地紮營，每人分配到一張毯子，席地而睡，連最起碼的帳篷也沒有。叢林夜難眠，毒蚊亂咬如針刺，痛癢交加，煎熬至天明。這條路真的好長，他們足足走了一個半月才抵達駐防緬甸的國民黨軍 35 團的營地，離泰國不遠的賴東軍營。

來此當兵的阿生沒有任何福利可言，全身上下就那麼一條褲子，不管冷得要死或熱得要命，還是那一件。經過 3 個月的新兵訓練，阿生被隊長分發去

當傳令兵，還替他改名「楊健生」，但大夥都不會寫「健」字，常常筆誤成楊「進」生。這個將錯就錯的名字是心道法師第二個俗家姓名。

以游擊隊型式作戰的 35 團雖然號稱上萬人，但槍械不夠，而國府又無力支援任何軍火和器材，子彈打一發就少一發。阿生在部隊僅有象徵性的隨軍教育，根本談不上「讀書」二字。遲至民國 50 年 1 月，13 歲的阿生才奉命加入作戰任務，他的個子瘦小，步槍還高過他的頭，大隊受命駐防地勢險峻的邦鳩弄，由於戰況十分緊急，不得不把幼年兵也送上戰場。

當初他參加 35 團只是因緣際遇，走一步算一步，懵懵懂懂的阿生原來希望為平安亂世出一份力量，可是戰爭所帶來的殺戮只有製造更多仇恨和不幸，「到底如何救世救民？」在少年楊進生的心中從一個問號，逐漸變成日後維護世界和平的遠大志向。

民國 42 年，緬甸政府向聯合國控訴我侵略其領土，政府在國際政治壓力下將部分救國軍撤離至台，滯留人員於滇緬邊境發展西南反攻武力。翌年以志願軍為名義，整編成立「雲南人民反共志願軍」，由柳元麟將軍擔任總指揮。隨著志願軍勢力茁壯，緬甸政府視其為境內一大威脅，並引起中共的恐慌與不安。中共聯合緬甸於民國 49 年 11 月下旬大舉進犯我江拉基地，在寡不敵眾下，游擊隊於民國 50 年 1 月下旬轉進泰北及寮國，柳部因倉促渡河，來不及搬運自臺灣空運來的美援武器，緬府以擄獲美援軍事物資再向聯合國控訴我侵略其領土，國府在美國壓力下，決定全面撤軍。

35 團年齡最小的幼年兵

阿生是 35 團年齡最小的幼年兵，團長張國杞一向都很照顧他，瘦弱的阿生在行軍有時走不動，張國杞便把他拎上騾馬。看他在戰火中跟大夥一起吃苦，也很不忍心，於是決定在這次撤軍時把他送去臺灣，希望他能更好的活下去，有機會求學讀書，幹一番事業。

國雷演習的撤軍行動開始，部分不願撤回臺灣的雲南省人民反共志願軍，為了避免中緬聯軍的夾擊，悄悄撤出緬甸東北的撣邦，轉進泰北山區。繼續率軍駐守異邦的張國杞團長不時掛念阿生瘦小的身影，多年後，當他聽說當年那個小伙子成功籌建「靈鷲山無生道場」和「世界宗教博物館」，展開普渡眾生的志業，張國杞心裡感到特別安慰，「當年送走阿生的決定是對的。」

　　民國50年，阿生隨滇緬孤軍撤退來台，整編入成功嶺「幼年兵中隊」。民國52年先進入台中潭子新興國小就學，後轉駐桃園大溪員樹林國小，國小畢業考上桃園龍潭農業職業學校，之後轉讀新竹關西初中。初中畢業後考上中壢龍岡陸軍第一士官學校。

　　阿生一向都很迷《西遊記》、《七俠五義》、《封神榜》和武俠小說，如金庸、梁羽生、秦紅等大家的武俠小說，幾乎全部看過。那是他真正的文學讀本，常常在上史地課時，把小說攤在膝蓋上偷看，越看越入神，講台上的老師、身邊的同學，課本的內容全都不存在了，只有正派大俠的神掌和邪道高握的奇兵在廝殺，50分鐘的刀光劍影，比緬甸的戰火燎原還要危急和刺激。

　　神州大俠的魅力是無孔不入的。阿生和情同手足的李逢春都很神往那樣的俠義世界，二人竟然異想天開，決定當大俠，打盡天下不公平之事。也不知道從哪裡弄來一本武俠秘笈，二人開始自習武功；當兩柄竹劍在現實與幻想的世界下縱橫激盪時，也形塑一個「十年磨一劍，霜刃未曾試。今日把示君，誰有不平事？」的俠客形象。這種劍及履及的行動派人格特質，對心道法師日後開山立派的志向，有決定性的影響。

人生抉擇的重大關鍵

　　民國61年，對阿生來說，是人生抉擇的重大關鍵。這一年，李逢春不幸罹患尿毒症，沒幾個月就不治身故。從父親、母親、姑父、在緬甸陣亡的同僚，到情誼最深最久的李逢春，一一如煙消逝，讓他再次體會到生命的脆弱，「生

宜蘭員山鄉的「武舉人古厝」原是一個周氏信眾的祖厝，後荒廢成毫無遮蔽的廢墟遺跡。心道法師帶著「不悟道即亡」的決心，來此廢墟修行。（翻拍自《靈鷲山外山——心道法師傳》。遠流出版公司發行，2013年）

命就只有這麼一剎那，終究要熄滅。」25 歲那年，他選擇了出家、修道、弘法的終生志業。

頭陀行歷十餘年，前後在台北外雙溪、宜蘭礁溪圓明寺、莿仔崙墳塔、龍潭公墓和員山周舉人廢墟，體驗世間最幽隱不堪的「塚間修」，矢志修證，了脫生死，覺悟本來。民國 72 年初，法師來到福隆山上「法華洞」斷食 2 年餘，深刻體悟成佛唯有「渡盡眾生，方證菩提」。

佇立在靈鷲山巔，法師眼中所見不是汪洋大海，而是想要渡化眾生的慈悲大願。出關後，建立「靈鷲山無生道場」，展開弘法渡生的佛行事業，為現代人擘劃成佛地圖。

只要我們的心是和平的，世界就是和平的

> 心是能夠製造和平的，如果心不和平在哪裡都不和平；心如果和平哪裡都能和平。所以，要從內在發現自己就是真理，而這個真理就是體認到我們與一切的生命都是生命共同體，心和平就能與一切的眾生連結到和平。所謂的和平，就是對彼此要有愛心，讓愛心能夠在生命共同體裡普及、包容、共存。
> ——釋心道

從戰火苦難中深刻體認和平與教育的重要，心道法師從寺院走入社會、從臺灣走向國際，數十載光陰裡，從個人的修行之路鋪成眾人的成佛之道。

為了感念當年泰北孤軍的收留之恩，以及對孤軍後裔飲水思源回饋鄉里的心懷，民國 94 年，心道法師特地回到幼年居住的萬養村，並探望高齡的「媽媽」張國杞夫人，當年就是由張國杞夫婦一手拉拔他度過孤苦的童年。他與老夫人共進晚餐和閒話家常，談起年幼時的種種和後來孤軍的際遇發展，有時落淚有時開懷，聊到深夜都欲罷不能。

心道法師此行並全力協助萬養村忠貞中學的教育和社會的發展,並改建教室和重建因洪水沖毀的校舍,對學校堅持繁體中文教育感到特別欣慰。

　　心道法師告訴學生,「文化是我們的根,沒有文化我們不知道從哪裡生長出來。文化也代表了我們生命的民族性,把文化扎根好也鞏固好我們的民族性。有了文化我們才有根,去到那裡都會想到自己的家鄉,不管吃什麼、住什麼、想什麼以及如何生活,這些都需要從文化扎根,我們才有根可以尋,所以在這裡有文化的生活,我們的孩子好,我們就好,把孩子照顧好這就是我們的責任。」

國雷幼年兵的宗教大師心道法師,每年初都在靈鷲山上的新春團拜中與信眾會面。(王蘭兮攝)

心道法師在新年團拜中總會有一番談話，開示信眾。

守在山城的餘音

美斯樂興華中學的學生要練毛筆字,學生們埋頭書寫,令人感動!

泰北華文教育的守火人 王紹章

守在山城的餘音

文・張夢瑞　圖・王蘭兮、謝小韞

清晨六點半，泰國北部清邁省的孟安村仍籠罩在山霧中，孟安小學的鐵門悄悄開啟，王文華校長提著掃把，一如往常，準備迎接學生。他說：「只要孩子還在這裡讀中文，我就不能停。」校內黑板上寫著「敬師重道」、「飲水思源」，學生早晨背誦《論語》，午間學泰文，下午學英文。但中文始終是一天之始，是這所學校的根。多年前孟安小學改名為泰北孟安聖心中學，與其他華校共同遵循著泰國政府規定，學生白天到泰文學校就學，華文學習改在平日傍晚和週六時間。現任校長王紹章先生秉承其父「一盞不能熄滅的燈」之信念，不畏風雨堅守崗位。

　　創校校長王文華老先生為現任校長王紹章的父親，今年已98歲，是國民黨第93師的士兵，從雲南走過緬甸，一路到泰北，最後在這山裡落腳。那不是英雄史詩，而是飄零的日常。父親在戰後選擇留下，沒有身分，沒有資源，唯一帶來的是對下一代的一份期許：「人不能沒文化，哪怕在異鄉，也要會寫自己的名字。」

美斯樂興華中學的校園陳列教師的書法作品。

　　在泰北，這樣的學校有百餘間。從 1950 年代孤軍落腳山區開始，他們把「教中文」當作文化延續的信仰。他們不是主流教育體系的一部分，但他們留下了世界上最堅韌的一支華文教育的根。

從戰火中誕生的教室

　　說起泰北華文教育的歷史，可追溯自 1964 年。當時，國共內戰結束後，

美斯樂興華中學到了晚上，華人子弟還在夜燈下補習中文，從下午4點上課到晚上8點。

（右到左）：國雷協會前理事長革安明、王紹章校長、眷村聯盟謝小韞理事長、國雷協會陳玉珍理事長到美斯樂興華中學，鼓勵上中文課的學生傳承中華文化。

段希文將軍率領第五軍（當時代號為 5131 部隊）及眷屬，移至美斯樂建立基地。他們四處紮營、拓荒、種田，百廢待舉中，段希文仍指示，為復興華文、教育後代、培植英才，將不計一切困難，全力創辦學校。

民國 49 年，泰國政府以反共理由，禁止泰北華文教育，段希文卻力排眾議，以「教育不能等」，堅持創辦華文學校，他認為，辦學校不只是為了讓孩子識字，更是一種文化自救的行動，「一個人，不管身在何處，都不能忘了自己的本。」但是，辦學校需要錢，錢從哪裡來？為了籌錢辦校，段希文硬是把曼谷的房子賣掉，把賣屋的錢拿來辦了泰北第一間學校—興華中學。

興華中學初創時資源極其匱乏，師資由軍中退役士兵兼任，課本多由臺灣或香港寄來，甚至由師生手抄。學校名字中的「興華」，不只是一所學校的理想，而是那一代孤軍對中華文化未竟事業的承諾。段希文「毀家興學」輻射出來無法量化的影響力，直達人心最幽微的角落。興華的成功在泰北華人社區間引發效應，之後，陸續在清邁、湄宏順、清萊、夜豐頌等地出現「新興中學」、「正心中學」、「中華學校」、「聖心學校」等華文學校。

王紹章的父親是孤軍的一員，當年背著妻兒逃進山中時，只帶著一本《三字經》。他對王紹章說：「不能讓孩子忘了自己的名字。」如今，王紹章成為孟安聖心中學的校長，這是一所華文、泰文、英文三語並行的中學。他每天清晨開門，晚上關燈，甚至自己動手修理教室屋頂。他說：「我們沒錢，但有心。」王紹章為了莘莘學子擁有齊全的設備，學習更為有效的教學環境，四處奔走爭取更多資源，他常講的一句話：「轉個彎，路更寬。」

在世界各地的僑界中，泰北堪稱是華文教育最深入、最純粹，也最具文化信仰的一塊土地。不同於僑校僅將中文視為工具或語言能力的加分，這裡的教育者視它為身分與靈魂的載體。

前立法委員吳斯懷（現任泰北孤軍後裔關懷協會理事長），對泰北僑界的華文學校極為關懷，他說，海外各地僑校的華文教育做得都不錯，但真正做得最好、最深入的是泰北這裡；幾十萬的華人後裔拿的都是泰國國籍，這些孩子從小被教導要孝順父母、尊師重道，他們對於年節民俗不但尊重而且堅持，禮失求諸野，「全世界都沒有，只有這裡有。」吳斯懷認為，泰北的華文教育不僅是語言教育，更是一場倫理與文化的傳承。

如今，泰北地區共有百餘所華文學校、數千名學生，成為全球僑界中華文教育最密集、最具文化自覺的地區。

艱難的守火人

這是一場寂靜的文化接力。王紹章說：「我不在乎有沒有人知道我，我只在乎有沒有人願意接下去。」泰北華文教育不是一場懷舊的運動，而是一叢叢火苗在偏遠山區堅持點亮的文化守望。它值得我們重視，值得支持，更值得告訴全世界：在地圖最邊緣的地方，幾代人用一生，守著我們共同的名字。

然而，即便這樣的堅持令人動容，泰北華校仍面臨種種困境。首先是人口流失，許多家庭選擇到城市工作，學生人數逐年下降；再者是師資短缺，願意進山區教書的中文老師寥寥無幾；最後是經費緊縮，校舍老舊，教材不足，靠臺灣與僑界捐助勉強維持。近年來，部分學校開始轉型，例如與臺灣僑委會合作遠距教學、開設華語導遊課程、中文簡報與簡易電商技能訓練班，讓孩子不只學文化，也學生存能力。

民國 89 年臺灣政黨輪替前後，中共對外漢語教學架構開始逐步在泰北華人村落地區鋪展，目標對準傳統的泰緬孤軍下一代，北京也用各種形式拓展在當地的影響力。大陸一方面在雲南、四川、廣西、貴州等西南省分的大學中，積極招募對外漢語教師，輪番前往泰北在內的東南亞地區進行漢語教學工作，簡體中文華校的影響力正在逐漸增大。

泰北邊境帕黨村的正德國小教室門口」貼著：「僑務委員會捐建。

泰北華文學校的中文學校教科書，都是僑委會免費提供的正體字教材。

泰北邊境帕黨村培英中學的飲水設備，還是來自於臺灣台北東區扶輪社提供。

對傳統華校來說，如果採用北京的簡化字教材，會獲得一定程度的資金扶助和補貼。位於泰緬邊境清道縣的清邁教聯高級中學，就是一所簡體中文華校。這所學校建立於 2011 年，經過在泰國政府合法註冊，是隸屬於泰國本國教育制度的華校，也是中國國務院僑務辦公室認定的海外華文教育示範學校，擁有近 40 位教師、1,300 多位學生。可以想見，伴隨中國大陸影響力的擴展，類似的簡體中文華校數量，只會越來越多。

雖然臺灣僑委會、世界華文教育基金會等單位亦提供教材、人力與培訓資源，但距離真正改善現況仍有一段距離。

北京在泰北地區的經營，的確對泰北的人心與認同產生了一定影響。雖然目前泰北地區多數華校仍舊支持臺灣、懸掛中華民國國旗，但這是在老一輩泰北人的主導下堅持著，因為老一輩人對臺灣有一份難以割捨的忠貞和認同。新一輩泰北華人在傳統認同之外，不僅需要語言教育，也需要職業教育和技能培養。

北京力量的進入，誘使一些華校改旗易幟，也帶來在泰北地區的簡體中文、正體中文之爭。語言的學習是為了就業和生活，雖然目前絕大多數華校仍舊忠於中華民國，但北京確立的 HSK 漢語等級體系（為測試母語非漢語者，包括外國人、華僑、華裔和中國少數民族考生而設計的漢語水平，是一項國際漢語能力標準化考試。九級是新漢語程度考試 HSK 的最高等級），其影響力可能比中共在華校中的政治影響力來得還要大。目前在泰國的主流學校均使用簡體字教學，這更值得我們關注和應對。

泰北孤軍與臺灣本土記憶的重構

泰北孤軍的歷史記憶，近年來在臺灣部分論述中被視為「外部遺緒」，甚至有人主張這段歷史與臺灣本土無關。然而，這樣的觀點不僅過於狹隘，更忽視了冷戰時期臺灣在區域戰略中的重要角色。1950 年代，泰北孤軍在中南

泰北邊龍村光華中學校內的標誌，鼓勵學生講國語。

半島的駐軍與游擊活動，實際上分散並延宕了中共對台的軍事壓力，是臺灣整體防衛布局的一環。

　　值得一提的是，當年臺灣社會發起的跨海支援行動「送炭到泰北」，不只是軍事策略的延伸，更是民間與國家共同參與的情感工程，展現出深厚的人道關懷與歷史責任感。這段歷史不應被視為「非本土」，反而正說明了臺灣本土文化應有的多元性與開放性。真正有生命力的本土，是能包容、承繼這些與外部世界深刻互動的記憶，而非一味排他。

　　延續對泰北地區的理解與支持，不只是歷史的回望，更關乎臺灣未來戰略視野的深耕。

美斯樂興華中學的國文教師李守寰老師介紹當地的歷史及地理。

王紹章校長每年籌劃「329青年節及反毒運動大會」,指導年輕學子籌備泰北華人一年一度的盛大聚會。

2025年泰北華人盛大的聚會「329青年節及反毒運動大會」,年輕學子正在排列桌椅。

165

《金三角 ☀ 孤軍淚──反共救國軍的生與死》

出版：全國眷村文化保存聯盟
合作出版：桃園市政府文化局

發行人：謝小韞 / 邱正生
總編輯：謝小韞
主編：陳淑美
校對：張瓊方
作者：眷村雜誌 / 張夢瑞 / 施靜茹 / 王蓓琳 / 李紹偉 / 李俊賢
攝影、照片提供：王蘭兮 / 眷村雜誌 / 楊惠娥
美術編輯 / 封面設計：李淑玲

出版：
全國眷村文化保存聯盟
地址：116 台北市文山區指南路三段 77 巷 11 號 1 樓
E-mail：milikind1949@gmail.com

合作出版：
桃園市政府文化局
地址：330 桃園市桃園區縣府路 21 號

經銷：聯合發行股份有限公司
地址：231 新北市新店區寶橋路 235 巷 6 弄 6 號 2 樓
電話：02-29178022

製版印刷：鴻柏印刷事業股份有限公司
地址：235 新北市中和區中山路二段 389 號 7 樓
電話：02-82213118

版權所有　翻印必究
出版日期：114 年 9 月初版
定價：新台幣 450 元

GPN: 1011400726
ISBN: 9786269988204

金三角 孤軍淚：反共救國軍的生與死 / 眷村雜誌，張夢瑞，施靜茹，王蓓琳，李紹偉，李俊賢作．
-- 初版．-- 臺北市：全國眷村文化保存聯盟；
桃園市：桃園市政府文化局出版；新北市：聯合發行股份有限公司發行，2025.09

168 面；21.5×21 公分
ISBN 978-626-99882-0-4(平裝)

1.CST: 軍事史 2.CST: 中華民國 3.CST: 訪談

590.933　　　　　　　　　　　　114009117

又因為反共而有了新的國家。
因為反共而失去了自己的國家,